나만의 일본
미식여행
일본어

네모 지음

다락원

나만의 일본 미식 여행 일본어

지은이 네모
펴낸이 정규도
펴낸곳 (주)다락원

초판 1쇄 발행 2024년 11월 28일

편집 이지현, 송화록
디자인 장미연, 황미연
일러스트 메이인유, 챠비
이미지 출처 Shutterstock

다락원 경기도 파주시 문발로 211
내용문의: (02)736-2031 내선 460~465
구입문의: (02)736-2031 내선 250~252
Fax: (02)732-2037
출판등록 1977년 9월 16일 제406-2008-000007호

ISBN 978-89-277-1300-5 13730

http://www.darakwon.co.kr

- 다락원 홈페이지를 방문하시면 상세한 출판 정보와 함께 동영상 강좌, MP3 자료 등 다양한 어학 정보를 얻으실 수 있습니다.
- 다락원 홈페이지에서 「나만의 일본 미식 여행 일본어」를 검색하거나 표지의 QR코드를 스캔하시면 MP3 파일을 듣거나 내려받으실 수 있습니다.

 **머리말**

안녕하세요, 이 책을 쓴 네모(본명: 榎本 尉孝, 에노모토 야스타카)입니다. 저는 도쿄에서 나고 자란 일본 남자로, 서강대학교 한국어교육원(어학당)에 다니며 한국과 연을 맺게 되었습니다. 원래 음식에 관심이었던 저는 어학당에서는 열심히 공부하고 맛집에서는 한국 친구와 같이 밥을 먹으며 더 많은 한국어를 접했어요. 덕분에 식당에서 쓰는 살아 있는 한국어를 배울 수 있었고 한일 양국의 식문화 차이에 대해서도 많이 알게 되었답니다. 저는 일본으로 돌아가 한국어를 잊지 않기 위해 일본 현지 맛집을 한국어로 소개하는 인스타그램을 시작했습니다. 언어는 평생 공부해야 한다는 마음으로 한국어로 꾸준히 글을 올렸더니 많은 한국분들이 관심을 가져 주셨습니다. 제 글을 보고 일본 맛집에 방문해 주신 분들은 주문할 때 어떻게 말해야 하는지 모르겠다, 메뉴판에 적혀 있는 요리가 뭔지 몰라서 고민했다는 말씀도 해 주셨어요. 그래서 저는 맛집 정보뿐만 아니라 실질적으로 도움이 되는 여러 팁들도 알려 드리게 되었지요.

어느 날, 다락원에서 미식 여행을 주제로 한 여행 일본어 책을 내자는 제안이 왔을 때 솔직히 저는 놀랐습니다. 저는 이제까지 한국에서 일본 맛집 가이드북을 내거나 신문이나 웹 미디어 등에서 일식에 관한 칼럼을 쓰곤 했지만 어학서와는 인연이 없다고 생각했기 때문입니다. 제안을 잘 들어 보니 그동안 제가 소개해 온 여러 팁들이 독자에게 도움이 되겠다는 생각이 들었어요. 물론 전문 일본어 선생님보다는 가르치는 면에서는 부족한 점이 있겠지만, 현지 식당에서 쓰이는 일본어 회화나 여러 표현들을 저는 누구보다 잘 알고 있으니까요. 이 책에서는 음식별로 재미난 이야기를 쓰고 현지식 메뉴판, 리얼한 현지 회화, 그리고 한국인 관광객에게서 자주 듣는 질문에 대답하는 Q&A 코너까지 제가 일식 전문가로서 꼼꼼하게 집필했습니다.

저는 항상 '알고 먹으면 더 맛있다'라는 신념을 갖고 글을 쓰고 있어요. 이 책은 기존의 어학서와 틀이 다르며 다소 마니아적인 내용도 있겠지만 단순히 일본어 회화를 배우는 것뿐만 아니라 현지인이 어떻게 식사를 즐기는지 식문화적 배경까지 배운다는 마음으로 읽어 주셨으면 좋겠습니다. 이 책을 잘 활용하여 일본에서 맛있는 한 끼를 만나 보세요.

마지막으로 이 책을 출간할 때까지 많은 지원을 주신 다락원 일본어 출판부 여러분께 진심으로 감사의 말씀을 전합니다. 특히 저의 부족한 원고를 꼼꼼하게 교정해 주신 이지현 편집자님, 고생 많으셨습니다. 이 책을 만드는 과정에서 저도 일개의 학습자로서 많은 걸 배웠습니다. 이 자리를 빌려 고마운 마음을 전합니다.

저자 네모

이 책의 구성과 특징

다양한 일본 음식 표현을 한글 발음과
뜻을 함께 보고 들으며 일본어로 말할
수 있습니다.

일본 음식에 대한 부가적인 설명을 제
공합니다. 음식의 의미, 먹는 방법 등도
알 수 있습니다.

미식 여행에서 필요한 다양한 일본어
회화 표현을 듣고 따라 말하며 익힐 수
있습니다.

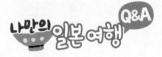

일본 음식에 대한 다양한 궁금증을
답해 드립니다.

 ## 일러두기

1. 일본어에서는 띄어쓰기를 하지 않지만, 일본어 문장 구조의 이해를 돕기 위해 띄어쓰기를 하
   였으며, 한글 발음에서 일본어 장음은 "–"로 표기하였습니다.

2. 일본어의 한글 발음은 실제 발음과 유사하게 표기하되, 일부 음식명 등은 외래어표기법을 따
   랐습니다. 정확한 발음은 MP3 음성으로 확인할 수 있습니다.

차례

히라가나

001 mp3

あ 아	い 이	う 우	え 에	お 오
か 카	き 키	く 쿠	け 케	こ 코
さ 사	し 시	す 스	せ 세	そ 소
た 타	ち 치	つ 츠	て 테	と 토
な 나	に 니	ぬ 누	ね 네	の 노
は 하	ひ 히	ふ 후	へ 헤	ほ 호
ま 마	み 미	む 무	め 메	も 모
や 야		ゆ 유		よ 요
ら 라	り 리	る 루	れ 레	ろ 로
わ 와				を 오
				ん 응

가타카나

ア 아	イ 이	ウ 우	エ 에	オ 오
カ 카	キ 키	ク 쿠	ケ 케	コ 코
サ 사	シ 시	ス 스	セ 세	ソ 소
タ 타	チ 치	ツ 츠	テ 테	ト 토
ナ 나	ニ 니	ヌ 누	ネ 네	ノ 노
ハ 하	ヒ 히	フ 후	ヘ 헤	ホ 호
マ 마	ミ 미	ム 무	メ 메	モ 모
ヤ 야		ユ 유		ヨ 요
ラ 라	リ 리	ル 루	レ 레	ロ 로
ワ 와				ヲ 오
				ン 응

PART 0
식당에서

신나게 떠난 일본 여행에서 배고픔을 달래기 위해 달려간 맛집, 길게 늘어선 줄에 어떻게 해야 할지 몰라 당황스러우셨나요? 식당 문을 열고 들어가니 나에게 말을 거는 점원, 무슨 말인지 몰라 어떻게 답해야 하는지 헤맨 적이 있으셨죠? 이 파트에서는 이러한 표현들을 중심으로 일본의 식당에서 공통적으로 쓰이는 표현들을 소개해 드릴게요.

일본 미식 여행은
줄 서기부터

여행 중에는 정해진 시간 내에 최대한 많은 곳을 가 보고 싶은데 한 식당에서 한 두 시간씩 오래 기다린다면 답답하겠죠. 그럴 때 어떻게 하면 대기 시간과 스트레스를 줄일 수 있을까요? 인기 맛집에 자주 다녀 본 제가 팁을 드리자면, 먼저 인터넷이나 SNS에서 예상 대기 시간이 얼마나 되는지 확인해 보세요. 일본어를 잘 몰라도 번역기를 쓰면 대략 알 수 있어요. 요일과 시간에 따라 달라지니 꼼꼼하게 확인하는 것이 좋습니다. 그리고 가능하면 문 여는 시간 전에 방문합니다. 저는 여는 시간 30~60분 전까지는 도착하는 편인데, 그 이유는 객석 회전율을 고려해 첫 타임 손님으로 들어가고 싶기 때문입니다. 자리가 8석인 가게에서는 8번째 안에, 20석이라면 20번째 안에 들어가는 걸 노리는 거죠. 물론 일찍 도착하면 그만큼 오래 기다리겠지만, 개점 후에 얼마나 기다리게 될지 모르는 상태로 한참 기다리는 것 보다는 스트레스를 줄일 수 있겠죠. 제 경

험상 개점 시간 전부터 줄을 서는 게 오히려 대기 시간이 줄어드는 경우가 많았습니다. 만약 미리 가게 좌석 수를 알 수 있다면 선착순 몇 명에 들어야 첫 타임 손님이 될 수 있는지 예상할 수 있어요. 한국어 설정이 가능한 일본 음식점 리뷰 사이트 타베로그(食べログ)에는 가게 영업 정보란에 '좌석 수(席数)'도 적혀 있으니 미리 알아보고 방문하는 것이 좋습니다. 참고로 일본 라멘집이나 카레집은 좌석 수가 적은 가게가 많습니다. 규모가 작은 가게에 간다면 시간적 여유를 가지고 방문해야 합니다.

식당 입구에 대기 줄이 있다면

인기 있는 맛집에 대기 줄이 있을 때 줄 서는 방법과 주문 방법은 가게마다 다릅니다. 가게의 규칙을 지키지 않으면 못 먹을 수도 있으니 다음의 방법 중 하나를 잘 따라 해 보세요. 특히 인기가 많은 라멘집이나 카레집에서는 번호표를 받거나 QR코드를 스캔하기 위해 긴 줄을 서야 하기도 하니 시간적 여유를 가지고 방문하세요.

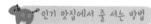
인기 맛집에서 줄 서는 방법

1. 줄을 서다 순서가 다가오면 직원의 지시에 따라 들어가거나 식권 판매기에서 식권을 구매한다.
2. 줄을 서기 전 먼저 식권 판매기에서 식권을 구매한 다음 줄을 서서 기다린다.
3. 식권 판매기가 없다면 줄을 서다 직원이 주는 메뉴판을 보고 가게에 들어가기 전 미리 말로 주문한다.
4. 대기자 명단에 이름을 쓰고 부를 때까지 가게 주변에서 기다린다.
5. 대기자 명단에 이름을 쓰고 다른 곳에서 시간을 보내다 지정된 시간에 돌아온다.
6. 번호표를 받고 시간을 보내다 지정된 시간에 돌아온다.
7. QR코드를 찍어 대기자 명단에 올리고 메시지를 받으면 가게로 간다.

인터넷으로 일본 식당 예약하기

원래 일본 식당은 전화로만 예약받는 집이 많았지만, 코로나19 팬데믹 이후 인터넷으로 예약 가능한 곳이 조금씩 생겨나고 있습니다. 인기 많은 스시(초밥)집이나 야키니쿠(고기구이)집은 예약 없이 가는 건 어려울 수 있으니 되도록 미리 예약하고 방문하는 것이 좋겠습니다. 특히 오마카세 스시는 시간대마다 다른 손님들과 맞춰 요리를 제공하기 때문에 예약이 필수인 곳이 많아요. 또, 유명한 라멘집이나 돈카츠집도 대기 줄을 없애기 위해 예약제로 운영하는 곳이 늘어났습니다. 예약이 어려운 가게도 있지만 손님 입장에선 당일에 오래 기다리지 않아도 된다는 점이 장점이에요. 해외에서도 예약할 수 있는 웹사이트를 몇 군데 알려 드릴 테니 특별히 먹고 싶은 음식이나 가 보고 싶은 가게 등이 있다면 미리 검색하고 예약해 보세요.

식당 예약 사이트

1 Table Check(www.tablecheck.com/ko/japan): 한국어 O
일본인들도 자주 이용하는 웹사이트로, 등록된 식당 수가 많고 음식 종류가 다양하다.

2 OMAKASE(omakase.in/): 일본어, 영어
등록된 식당 수는 많지 않지만 인기 많은 맛집이나 고급 음식점 위주로 등록되어 있다. 가게마다 예약 접수 시작일이 정해져 있으며 인기 많은 가게는 예약하기 어려울 수도 있다.

3 SAVOR JAPAN(kr.savorjapan.com/): 한국어 O
일본의 맛집 소개·예약 사이트 '히토사라(ヒトサラ)'의 외국어판 홈페이지로, 각 요리의 특징이나 가게, 셰프의 인터뷰까지 알찬 정보가 실려 있다. 미리 정보를 얻고 방문하고 싶은 사람에게 딱 맞는 예약 사이트이다.

4 타베로그(tabelog.com/kr/tokyo/): 한국어 O
식당 리뷰 사이트인 타베로그(食べログ)에서도 일부 식당의 예약이 가능하다.

제 한국인 친구 중 하나는 인사와 간단한 주문을 할 수 있는 정도의 일본어 실력을 가졌는데, 일본 현지 식당의 인스타그램이나 X(구 트위터) 등 SNS에 직접 메시지를 보내 예약하더라고요. 번역기를 이용하면 소통에 문제가 없어 의외로 수월하게 예약을 했다고 합니다. 괜찮다면 SNS 메시지로 예약하는 것도 도전해 보세요.

예약 사이트는 사전에 신용 카드 정보 등록이 필요하거나 예약일이 다가왔을 때 취소하면 수수료가 발생하는 경우가 있으니 이용 안내를 꼭 정독하고 예약하세요. 일본에서는 외국인 관광객이 예약한 후 오지 않는 '노쇼'가 큰 논란이 되고 있습니다. 못 가게 된다면 꼭 가게에 미리 연락해 주세요. 인터넷에서 예약했다면 '마이 페이지'에서 간단하게 취소할 수 있습니다.

소비세 포함? 제외? 어느 게 맞는 가격일까?

일본 음식이나 상품 등의 가격 표시 방법에는 소비세를 포함한 가격(税込:제-코미)을 표시하는 방법과 소비세를 제외한 가격(税抜:제-누키)을 표시하는 방법이 있습니다. 예전에는 소비세를 제외한 가격만 표시하는 가게가 있어 소비자가 실제 지불하는 가격을 파악하기가 어려워, 혼란을 막기 위해 2021년 4월부터 소비세를 포함한 가격(실제 지불하는 총액)을 필수로 표기하게 되었습니다. 하지만 소비세를 포함한 가격만 표기하거나 소비세를 제외한 가격도 같이 표기하는 등 가게마다 표기 방식에 차이가 있어 여전히 조금 헷갈리지만, 표기된 가격 중 가장 높은 가격(=세금 포함 가격)이 실제 지불하는 가격이라고 생각하면 편합니다.

물품 가격이 1,000엔, 소비세 (10%)가 100엔일 때

1 다른 내용 없이 가격만 적혀 있다면 소비세를 포함한 최종 지불 가격을 뜻한다. 예 1,100円

2 가격 옆 괄호 안에 「税込(세금 포함)」와 같이 쓰여 있다면 소비세를 포함한 가격을 뜻한다. 예 1,100円(税込)

3 괄호 안의 가격은 세금을 제외(税抜)한 가격으로, 실제 지불하는 건 앞에 적힌 소비세를 포함한 가격이다. 예 1,100円(税抜1,000円)

4 괄호 안에 세금을 포함(税込)한 가격을 적은 형태로, 실제 지불하는 건 괄호 안에 있는 소비세를 포함한 가격이다. 예 1,000円(税込1,100円)

5 소비세와 물품 가격을 합한 총 가격이 1,100엔이며, 괄호 안 가격은 소비세(内消費税)가 100엔이라는 뜻이다. 예 1,100円(内消費税 100円)

6 총 가격을 앞에 적고 괄호 안에 소비세를 제외한 가격(税抜価格)과 소비세(消費税)를 같이 표기했다. 예 1,100円(税抜価格 1,000円、消費税 100円)

또한 일본은 2019년부터 판매 물품의 내용에 따라 소비세의 세율이 변하는 제도인 경감세율 제도를 실시하였는데 음식을 매장 안에서 먹으면 10% 세율이, 포장하면 8% 세율이 적용됩니다. 이런 가게에서는 메뉴판에 가격을 별도로 표시하니 잘 확인하고 주문하는 게 좋습니다. 참고로 일본 맥도날드 등 일부 매장에서는 포장 주문도 10% 세율을 적용하기도 합니다.

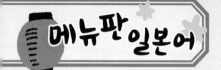 **메뉴판 일본어**

1 메뉴(판)

メニュー

메뉴-

2 오늘의 점심

日替わりランチ

히가와리란치

3 식사류

食事類

쇼쿠지루이

4 정식

定食

테-쇼쿠

5 추천

おすすめ*

오스스메

6 한정 메뉴

限定メニュー

겐테-메뉴-

7 음료, 마실 것

飲み物

노미모노

8 뜨거운, 핫(hot)

ホット

홋토

9 차가운, 아이스(ice)

アイス

아이스

10 일반, 보통

並

나미

11 곱빼기

大盛り

오-모리

12 세트 메뉴

セットメニュー

셋토메뉴-

13 점심 메뉴

ランチメニュー

란치메뉴-

14 저녁 식사 메뉴

ディナーメニュー

디나-메뉴-

15 어린이 메뉴

お子様メニュー

오코사마메뉴-

＊ 오스스메 혹은 메-부츠메뉴-(名物メニュー)는 '시그니처 메뉴'라는 말 대신 쓰여요.

14

16 카운터석	17 테이블석	18 단품
カウンター席 _{せき}	テーブル席 _{せき}	単品 _{たんぴん}
카운타-세키	테-부르세키	탐핑

19 안줏거리	20 모둠	21 기간 한정
(お)つまみ	盛り合わせ _{も あ}	期間限定 _{き かんげんてい}
(오)츠마미	모리아와세	키캉겐테-

22 수량 한정	23 계절 한정	24 특선 메뉴
数量限定 _{すうりょうげんてい}	季節限定 _{き せつげんてい}	特選メニュー _{とくせん}
스-료-겐테-	키세츠겐테-	토쿠셈메뉴-

25 술, 주류	26 음료수	27 마지막 주문
お酒·アルコール類 _{さけ るい}	ソフトドリンク	ラストオーダー
오사케/아르코-루루이	소후토도링크	라스토오-다-

28 식권	29 식권판매기	30 자판기
食券 _{しょっけん}	食券機 _{しょっけん き}	自販機 _{じ はん き}
숏켕	숏켕키	지항키

おまかせ 오마카세

주방장에게 맡긴 요리

오마카세는 '맡기다'라는 뜻의 일본어 '마카세루(まかせる)'에서 온 말로, 주방장에게 요리를 믿고 맡긴다는 뜻이에요. 스시(초밥)집에서 보통 코스 요리로 안주, 사시미(회), 스시(초밥) 등을 순서대로 제공합니다. 최근에는 스시(초밥)집 외에 다른 식당에서도 쓰이며, 코스 요리가 아니더라도 쓰이기도 하는데 그때는 당일의 좋은 재료로 알아서 만들어 준다는 의미로 생각하면 됩니다.

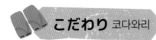

こだわり 코다와리

특별한 정성을 담은~, 이 집만의~

일본 음식점의 메뉴판이나 편의점 음식, 마트 등에서 '코다와리(こだわり)'라는 말을 많이 볼 수 있는데 이 말을 한 단어로 설명하기엔 참 어렵습니다. 문맥에 따라 어감이 다소 달라지는데 여기서는 '까다로움, 깐깐함, 고집'이라는 부정적인 의미가 아닌 '엄선한, 특별한 정성을 담은, 이 집만의 특별한'이라는 뜻으로 쓰입니다. 장인 정신을 가지고 요리를 만드는 마음가짐, 행동, 태도 등을 나타내는 말이라고 이해하면 됩니다. 자신만의 철학을 가지고 정성을 담아 만드는 음식이라는 걸 표현하기 위해 '코다와리'라는 말을 쓰기도 해요. 장인이 심혈을 기울여 만든 유일무이한 라멘(職人 が こだわって 作った 唯一無二の ラーメン), 양념까지 신경을 많이 쓴 야키니쿠(고기구이) 세트(タレにまで こだわりぬいた 焼き肉セット)와 같이 쓰입니다.

食券機 · 自販機 쇼켕키/지항키

식권판매기/자판기

한국 식당에서 주문할 때 쓰는 '키오스크'는 일부 식당을 제외하고 일본에서 자주 쓰는 말은 아닙니다. 쇼켕키(食券機, 식권판매기)나 지항키(自販機, 자판기)라고 부르는 경우가 더 많아요. 참고로 일본에서 키오스크는 역 구내나 플랫폼에서 철도 회사 JR이 운영하는 매점을 뜻합니다. 그래서 일본인들은 키오스크라고 하면 주문 기계가 아닌 그 매점을 떠올리는 사람이 많아요.

먼저 맛보는 현지 회화

B 어서 오세요. 몇 분이신가요?
いらっしゃいませ。何名様ですか。
이랏샤이마세. 남메-사마데스카?

한 명이에요. **A**
ひとりです。
히토리데스

B 잠시만 기다려 주세요.
少々 お待ちくださいませ。
쇼-쇼- 오마치쿠다사이마세

A 얼마나 기다려야 하나요?
どれくらい 待ちますか？
도레쿠라이 마치마스카?

바로 안내해 드리겠습니다. **B①**
すぐに ご案内 いたします。
스구니 고안나이 이타시마스

한 시간 정도 기다리셔야 합니다. **B②**
1 時間くらい お待ちいただきます。
이치지캉쿠라이 오마치이타다키마스

정확한 대기 시간은 말씀드리기 어렵습니다. **B③**
待ち時間の 予想は 難しいです。
마치지칸노 요소-와 무즈카시이데스

17

A 어떻게 주문해야 하나요?
どのように 注文すれば いいですか？
도노요-니 츄-몬스레바 이이데스카?

B 먼저 식권 자판기에서 식권을 구매하고 기다려 주세요.
先に 自販機で 食券を 購入して お待ちください。
사키니 지항키데 쇽켕오 코-뉴-시테 오마치쿠다사이

A 어디에 줄을 서야 하나요?
どちらに 並べば いいですか？
도치라니 나라베바 이이데스카?

B 저기 맨 뒤쪽에 서서 기다려 주세요.
あちらの 最後尾に お並びください。
아치라노 사이코-비니 오나라비쿠다사이

B 매장에서 드시고 가시나요? 아니면 포장이신가요?
店内で お召し上がりですか？ お持ち帰りですか？
텐나이데 오메시아가리데스카? 오모치카에리데스카?

A1 매장에서 먹고 갈게요.
店内で 食べて いきます。
텐나이데 타베테 이키마스

A2 포장이에요.
持ち帰りです。
모치카에리데스

 가게에서 먹는 것을 '이-트잉(イートイン, Eat In)', 포장을 '테이크아우토(テイクアウト, Take Out)'라고도 합니다.

18

A 한국어 메뉴판이 있나요?
韓国語の メニューは ありますか？
캉코쿠고노 메뉴-와 아리마스카?

B 죄송하지만 한국어 메뉴판은 없습니다.
申し訳ございませんが、韓国語メニューは ありません。
모-시와케고자이마셍가, 캉코쿠고메뉴-와 아리마셍

대신 영어 메뉴판을 드릴까요?
代わりに 英語メニューを お渡ししましょうか？
카와리니 에-고메뉴-오 오와타시시마쇼-카?

A 여기요, 단무지를 더 주실 수 있나요?
すみません、たくあんの おかわりを いただけますか？
스미마셍, 타쿠안노 오카와리오 이타다케마스카?

B 네, 리필은 100엔이 추가되는데 괜찮으신가요?
はい、おかわりは１００円 追加に なりますが、
よろしいでしょうか？
하이, 오카와리와 햐쿠엔 츠이카니 나리마스가,
요로시이데쇼-카?

A 네, 주세요.
はい、お願いします。
하이, 오네가이시마스

B 주문은 정하셨나요?
ご注文は お決まりですか?
고츄-몽와 오키마리데스카?

추천 메뉴는 뭔가요? **A**
おすすめの メニューは 何ですか?
오스스메노 메뉴-와 난데스카?

B 오늘의 점심 메뉴인 오므라이스를 추천합니다.
今日の 日替わりランチ、オムライスを おすすめします。
쿄-노 히가와리란치, 오무라이스오 오스스메시마스

그럼, 그 메뉴를 곱빼기로 하나 주세요. **A**
では、その メニューを 大盛りで ひとつ お願いします。
데와, 소노 메뉴-오 오-모리데 히토츠 오네가이시마스

오늘의 점심(日替わりランチ, 히가와리란치)은 '혼지츠노 란치(本日の ランチ)'라고도 합니다.

20

A 괜찮다면 셰프님과 같이 사진을 찍어도 될까요?

もしよければ、シェフと 一緒に 写真を 撮っても
いいですか?

모시요케레바, 세후토 잇쇼니 샤싱오 톳테모 이이데스카?

B 네, 좋습니다.

はい、いいですよ。

하이, 이이데스요

A 요리와 매장 사진을 찍어도 되나요?

料理と 店内の 写真を 撮っても いいですか?

료-리토 텐나이노 샤싱오 톳테모 이이데스카?

B 요리 사진은 괜찮지만, 매장 사진은
다른 손님 얼굴이 찍히지 않도록 해 주세요.

料理は 撮影して いただいても かまいませんが、

료-리와 사츠에-시테 이타다이테모 카마이마셍가,

店内の 写真は、ほかの お客様の 顔が
映らないように して ください。

텐나이노 샤싱와, 호카노 오캬쿠사마노 카오가
우츠라나이요-니 시테 쿠다사이

A 알겠습니다.

わかりました。

와카리미시타

A 계산해 주세요.

お会計、お願いします。

오카이케-, 오네가이시마스

B 총 2,000엔입니다.

お会計は 2000円で ございます。

오카이케-와 니셍엔데 고자이마스

A 카드로 (계산)되나요?

カードは 使えますか？

카-도와 츠카에마스카?

B 죄송하지만, 저희 매장은 현금만 받고 있습니다.

すみませんが、当店は 現金のみの 支払いに なります。

스미마셍가, 토-텡와 겡킨노미노 시하라이니 나리마스

B 이쪽의 대기자 명단에 이름을 적어 주세요.

こちらの ウェイティングリストに 名前を 書いて ください。

코치라노 웨이팅그리스토니 나마에오 카이테 쿠다사이

B 기다리시면서 메뉴판을 살펴보세요.

メニューを ご覧になって お待ちください。

메뉴-오 고란니낫테 오마치쿠다사이

B 카운터석과 테이블석 중에 어느 쪽으로 안내해 드릴까요?

カウンター席と テーブル席、 とちらを ご希望ですか？

카운타-세키토 테-부르세키, 도치라오 고키보-데스카?

🌸 한국 일식집 등에서 바 자리를 말할 때 흔히 '다찌석'이라고 하는데, 이는 일본에서 쓰이는 말이 아닙니다. 일본 어라고 생각해 현지 식당에서 말해도 일본인 직원은 알아듣지 못할 겁니다. 올바른 표현은 카운타-세키(カウンター席)입니다.

A 가게는 몇 시에 여나요?

お店は 何時に オープンしますか？

오미세와 난지니 오-픈시마스카?

B 재료 소진으로 오늘은 일찍 문 닫겠습니다.

材料切れのため、今日は 早く 閉店します。

자이료-기레노타메, 쿄-와 하야쿠 헤-텐시마스

A 채식 메뉴가 있나요?

ベジタリアンメニューは ありますか？

베지타리암메뉴-와 아리마스카?

베지타리앙(ベジタリアン) 대신 '비건, 채식'을 뜻하는 비-강(ヴィーガン)을 넣어 말할 수도 있습니다.

A 이 메뉴에 메밀가루가 들어가는지 알 수 있나요?

この メニューの 中に そば粉が 入っているか 分かりますか？

코노 메뉴-노 나카니 소바코가 하잇테이루카 와카리마스카?

주문하기 전에 미리 밀(小麦, 코무기), 우유(牛乳, 규-뉴-), 호두(くるみ, 쿠루미), 땅콩(ピーナッツ, 피-낫츠), 콩(大豆, 다이즈) 등의 알레르기 유발 재료가 사용되었는지 확인할 수 있습니다.

A 제가 메밀 알레르기가 있어서요.

私が そばアレルギーが ありまして。

와타시가 소바아레루기-가 아리마시테

B 이것은 저희 매장만의 특별한 메뉴입니다.

こちらは 当店だけの こだわりメニューです。

코치라와 토-텐다케노 코다와리메뉴-데스

B 홋카이도 식재료만을 엄선해 만든 스페셜 스프카레는 어떠신가요?

北海道食材のみで こだわって 作られた スペシャルスープカレーは いかがですか？

혹카이도-쇼쿠자이노미데 코다왓테 츠쿠라레타 스페샤루스-푸카레-와 이카가데스카?

A (메뉴판을 짚으며) 이거 하나 더 주세요.

これを もう ひとつ ください。

코레오 모- 히토츠 쿠다사이

A 찬물 주세요.

お水 ください。

오미즈 쿠다사이

TIP 따뜻한 물은 오유(お湯)라고 하며 미지근한 물을 원한다면 '오미즈오 죠-옹데 쿠다사이(お水を 常温で ください)'라고 말하면 됩니다.

A 앞접시를 사람 수대로 주세요.

取り皿を 人数分 ください。

토리자라오 닌즈-붕 쿠다사이

A 젓가락을 하나 더 주세요.

おはしを もう ひとつ ください。

오하시오 모- 히토츠 쿠다사이

 TIP 숟가락은 스푸-웅(スプーン)이라고 해요.

A 화장실은 어디에 있나요?

お手洗いは どこに ありますか？

오테아라이와 도코니 아리마스카?

A 정기 휴무일은 언제인가요?

定休日は いつですか？

테이큐-비와 이츠데스카?

B 다 드신 후에 식기를 반납해 주시겠어요?

お食事後、セルフで 食器を 返却して もらえますか？

오쇼쿠지고, 세르후데 쇽키오 헹캬쿠시테 모라에마스카?

A (그릇을) 어디로 반납해야 하나요?

どちらに 返却すれば いいですか？

도치라니 헹캬쿠스레바 이이데스카?

B 카운터석 옆에 식기 반납구가 있습니다.

カウンター席の よこに 返却口が あります。

카운타-세키노 요코니 헹캬쿠구치가 아리마스

일본 관광 안내소에서 받은 동네 맛집 추천 자료에 '추천 레스토랑 정보'라는 말이 적혀 있었습니다. 저희는 레스토랑이 아니라 가볍게 동네 식당에 가고 싶었거든요. 제가 잘못 말한 걸까요?

일본 식당에서는 정식을 점심시간에만 파는 것 같던데 저녁에는 아예 판매하지 않나요?

가게마다 다르지만 정식을 점심시간에만 파는 식당이 많긴 합니다. 예를 들어 이자카야(술집)가 점심부터 문을 연다면 식사 메뉴로 정식만 판매하고 저녁에는 정식 메뉴 없이 단품 요리나 코스 요리와 술만 파는 식이죠. 저녁에도 정식을 팔긴 하지만 점심 때보다 가격을 올려 팔기도 해요. 체인점은 시간에 상관없이 같은 메뉴를 파는 곳이 많아요. 또 저녁에도 술보다는 식사 메뉴를 주로 파는 가게에서는 그냥 정식 메뉴를 파는 듯합니다.

한일간 '레스토랑(レストラン)'이라는 말의 의미가 약간 다른 듯합니다. 한국에서는 서양식 음식점을 가리킨다면 일본에서는 모든 음식점을 가리킵니다. 그래서 동네 식당이나 이자카야(술집)도 레스토랑이라고 말하곤 해요. 그래서 일본어로 식당 정보를 알아볼 때는「おすすめ レストラン(추천 레스토랑)」이라고 검색하기도 합니다. 물론 동네 식당을 굳이 레스토랑이라고 하지 않고 분위기 좋은 서양 요릿집을 'OO레스토랑'이라고 부를 때가 더 많지만, 한국에서 보다는 폭넓게 쓰입니다.

일본 식당에서 숟가락이 없어 먹기 좀 불편했습니다. 원래 일식은 숟가락 없이 먹나요?

일본에서는 밥을 젓가락으로 먹고 국물은 그릇을 들고 입에 대고 먹으니 숟가락이 필요없다고 생각합니다. 불편해서 숟가락을 받고 싶다면 직원에게 '스푸-웅오 쿠다사이(スプーンを ください)'라고 말하면 됩니다. 외국인이 숟가락을 달라고 하는 건 전혀 이상한 일이 아니니 걱정 마세요. 참고로 라멘집이나 우동집에서는 '렝게(れんげ)'라고 하는 숟가락을 쓰는데 국물만 떠 먹거나 면과 건더기를 얹어 국물과 함께 먹어요.

일본은 여전히 현금만 받는 가게가 많나요?

일본 식당의 신용 카드 결제 도입률은 60%를 넘었지만 개인 가게에서는 안 되는 곳이 여선히 많아요. 신용 기드 결제는 특전 금액 이상부터 가능하다거나 점심시간에는 불가능한 가게도 있어요. 일부 관광객이 많은 맛집이나 오래된 가게는 현금만 받는 곳이 종종 있으니 일본 여행할 때는 여유 있게 현금을 들고 다니시는 걸 추천합니다. 참고로 일본에서 가장 많이 쓰이는 신용 카드는 Visa, JCB(일본 브랜드), Master입니다. 이 세 가지라면 대부분의 가게에서 문제 없이 쓸 수 있을 거예요. AMEX나 Diners Club은 안 되는 경우도 있고 한국에서 발행한 신용 카드를 쓰려고 하니 안 되었다는 경우도 종종 있으니 주의하세요. 일본은 한국보다 신용 카드 이용률은 낮지만 의외로 SUICA 같은 교통 카드나 IC카드, QR코드 결제(PayPay 등)는 많이 해요. 이러한 결제 방식까지 포함하면 가게의 비현금 결제 도입률은 80%를 넘는다고 합니다. 특히 SUICA나 PASMO 같은 교통 카드는 일본 여행 가서 많이 쓰시잖아요. 이 카드들은 편의점이나 마트는 물론 식당에서도 사용할 수 있으니 미리 교통 카드에 넉넉히 충전해 놓고 현금 결제가 번거로울 때 이용하면 편리할 겁니다.

'사이제리야'라는 패밀리 레스토랑에 가 보니 좋더군요. 그밖에 추천해 주실 만한 일본 패밀리 레스토랑이나 메뉴가 있나요?

일본어로 패밀리 레스토랑을 화미리-레스토랑(ファミリーレストラン)이라고 하며 화미레스(ファミレス)라고 줄여 말하기도 합니다. 미국 교외의 큰 카페를 참고해 만들었으며, 주로 가족 단위 손님을 타깃으로 한 식당입니다. 한국에도 비슷한 식당이 있긴 하지만 일본의 패밀리 레스토랑이 더 가격이 저렴해 부담 없이 갈 수 있는 분위기입니다. 기본적으로 햄버그스테이크와 소고기스테이크, 오므라이스, 파스타, 카레, 팬케이크, 파르페 등을 팝니다. 아이들이 좋아하는 음식을 골고루 모은 '오코사마란치(お子様ランチ, 어린이 런치 세트)'라는 메뉴도 있는데, 이는 작은 햄버그스테이크나 오믈렛, 새우튀김, 소시지, 케첩밥, 푸딩을 한 접시에 귀엽게 담아 주는 메뉴입니다. 또한 일본어로 '도링크바-(ドリンクバー)'라고 하는 음료수 무한 리필 메뉴도 파는데 식사나 디저트와 함께 주문하면 가성비 좋은 식사 시간을 즐길 수 있어요. 점심시간을 피하면 음료 무한 리필 메뉴만 주문할 수도 있어 학생들이 공부하거나 직장인들이 업무 미팅 하는 자리로 애용하기도 해요.

**연말연시에 일본 여행을 갔는데 대부분의 가게가 길게 쉬더라고요.
그때가 일본 명절인가요?**

일본에서는 1월 1일에 설을 쇠기 때문에 보통 12월 30일쯤부터 1월 3일까지를 '오쇼-가츠야스미(お正月休み, 설 연휴)'라고 해서 쉬는 가게가 많습니다. 특히 개인 식당은 더 길게 쉬기도 해요. 그러니 되도록이면 12월 마지막 주부터 1월 첫째 주까지는 일본 여행을 피하는 편이 좋겠습니다. 또한 한국의 추석에 해당하는 일본 명절인 '오봉(お盆)'은 8월 15일입니다. 보통 8월 15일 전후로 5일에서 7일 정도를 '오봉야스미(お盆休み, 추석 연휴)'라고 해서 쉬는 경우가 많아요. 설 연휴와 비교하자면 문을 닫는 가게가 좀 적은 듯합니다. 한국의 명절 연휴와 마찬가지로 일본도 매년 연휴 일수가 다르기 때문에 미리 확인하고 여행 계획을 세우는 게 좋겠습니다. 참고로 명절에도 관광지에는 문을 여는 가게가 많으니 갈 데가 없다면 그 가게 중에서 찾아보세요. 최근에는 해외 관광객이 많이 늘어나 명절에도 문을 여는 가게가 늘어났지만 지도 앱 등에는 연휴 기간 영업 정보가 제대로 반영되지 않은 경우가 있습니다. SNS에 관련 공지를 올리는 가게가 많으니 꼼꼼히 확인해 보세요.

일본에서 서서 먹는 가게를 많이 봤습니다. 차마 용기가 나지 않아 가지 못했습니다. 다음에 기회가 되면 도전해 보고 싶은데, 괜찮을까요?

네, 걱정 말고 도전해 보세요. 주문할 때 식권 판매기에서 식권을 구매하며 의자가 없다는 점 빼고는 일반 라멘집과 큰 차이가 없습니다. 서서 먹는 것을 일본어로 '타치구이(立ち食い)'라고 하는데, 이러한 식당은 객석 회전율이 높습니다. 그래서 간단히 먹고 가고 싶은 사람에게 알맞아 학생들은 등하교길, 직장인들은 출퇴근길에 들르거나 시간적 여유가 없는 점심시간에 자주 이용합니다. 철도역에는 서서 먹는 소바(국수)집이 있으며 스시(초밥), 우동, 돈부리(덮밥), 카레 같은 음식도 서서 먹곤 해요. 의외로 맛있는 집이 많아서 일부러 찾아가는 사람도 있을 정도입니다. 한국에서도 떡볶이나 어묵을 포장마차에서 서서 먹긴 하지만, 식사는 제대로 앉아서 하는 것이라는 인식이 있어서 그런지 한국인은 서서 먹는 것에 익숙하지 않은 듯해요. 한국 친구에게 물어보니 서서 먹는 집은 시간에 쫓겨 급하게 먹어야 할 것 같은 느낌이 들어 불편하고 뒤에 줄 서는 사람이 생기면 괜히 눈치가 보여 부담스럽다고 하더군요. 하지만 일본인은 서서 먹을 때 빨리 먹고 나가야 한다고 생각하진 않는답니다. 혼자 먹는 것에 익숙해서 그런지 서서 먹을 때도 자신의 속도로 식사를 즐기며 별로 눈치를 보지 않아요. 물론 다 먹고 나서도 나가지 않고 오래 머물면 곤란하겠지만, 패스트푸드처럼 간단히 먹고 나갈 수 있기 때문에 오히려 편하게 생각하는 거죠. 그러니 여러분도 너무 부담 갖지 말고 편하게 들러 주셨으면 좋겠어요.

일식의 기본

일본에서 사용하는 식재료는 한국과 비슷하지만 자세히 살펴보면 한국인들이 잘 모르는 식재료와 반찬, 조미료가 의외로 많은 듯합니다. 또, 같은 재료라도 먹는 방법이나 조리법이 꽤 다르기도 하죠. 이 파트에서는 일식의 대표적인 식재료와 반찬, 조미료들을 모아서 설명하겠습니다. 여기서 나오는 식재료 등은 일본의 여러 곳에서 접하게 될 테니 잘 알아 두면 도움이 될 겁니다.

익숙한 듯 낯선,
일본의 다양한 식재료와 조미료

일식에선 밥을 중요하게 생각해 일식집은 밥이 맛있어야 손님에게 인정받을 수 있어요. 특히 일본인은 갓 지은 흰밥을 선호하기 때문에 식당에서는 갓 지은 밥 특유의 부드러운 식감을 느낄 수 있도록 하루에 몇 번이나 심혈을 기울여 새로 짓는답니다. 료칸(旅館, 일본의 전통 여관)에서는 '오히츠(お櫃)'라는 나무로 된 밥통에 밥을 담아 내는데 이 '오히츠'는 밥의 수분과 온기를 보존해 주기 때문에 식사하는 동안 여러 번 밥을 리필해도 계속 맛있는 밥을 먹을 수 있습니다.

일본에서 식사의 주인공은 언제나 밥입니다. 일본인은 고기를 최고의 밥반찬으로 여기기 때문에 야키니쿠(고기구이)를 먹을 때 처음부터 밥을 같이 시켜 먹는 사람이 많아요. 고기를 먹는 동안에도 밥을 놓칠 수 없다고나 할까요. 심지어 일본인은 카라아게(닭튀김), 텐푸라(튀김), 교자(군만두), 야키토리(닭꼬치), 크로켓, 오뎅(어묵탕)까지도 밥과 같이 먹곤 해요. 대부분의 일본 음식이 밥반찬이라는 거지요. 일본 음식은 밥을 맛있게 먹기 위해 존재한다고 해도 과언이 아닐 정도입니다. 밥이 없으면 뭔가 부족하다고 느끼기 때문에 라멘이나 야키소바(볶음면)도 밥과 같이 먹는 사람도 있답니다. 그래서 라멘집에서는 라멘과 밥 세트를 파는 것이죠.

일식은 탄수화물 비중이 아주 높아요. 고기를 먹을 때도 한국처럼 상추 등 쌈 채소에 싸 먹지 않고 밥에 얹어 먹기 때문에 야채를 섭취할 기회가 적습니다. 그래서 일본으로 이주한 한국인이 금방 살찌기도 한다고 해요. 또 흰밥과 먹기 위해 반찬의 간을 세게 해 나트륨을 과다 섭취할 위험도 있는 듯합니다. 그래서 일식에 익숙하지 않은 한국인들은 일본 여행 중에 속이 더부룩하다고 느낄 수도 있어요. 일본인 중에도 탄수화물 과다 섭취를 우려해 편의점에서 샐러드를 따로 사 먹거나 식당에서 사이드 메뉴로 채소 반찬을 주문하는 사람도 있답니다. 한국인도 일본인의 밥 사랑을 미리 알고 간다면 속이 거북해지기 전에 적절히 대처할 수 있겠지요?

일본에서 쌀밥을 먹어 본 분들 중에는 쌀밥에 수분이나 찰기가 많다고 느끼신 분이 있을 거예요. 그건 일본인의 취향에 맞게 쌀 품종을 개량하고 밥을 지을 때도 식감을 적당히 부드럽게 조절해서 그렇습니다. 일본인은 밥이든 고기나 생선회 같은 반찬이든 전체적으로 부드러운 식감을 선호하는 경향이 있는데, 찰기가 많고 부드러운 식감의 밥은 일식 반찬들과 잘 어울리거든요.

일본의 조미료

일식의 기본이 되는 맛은 쇼-유(醬油, 간장)입니다. '일본 공항에 내리면 간장 냄새가 난다'라는 말도 있는데, 정말로 식사 시간에 동네를 걸어 다니면 식당이나 집 주방에서 간장 냄새가 확 풍겨 옵니다. 일식의 3대 맛은 쇼-유와 미소(味噌, 된장), 시오(塩, 소금)로 이루어집니다. 그래서 일본 라멘집의 대표 메

뉴는 쇼-유라멘, 미소라멘, 시오라멘이죠. 전통 일식은 재료 본연의 맛을 살리기 위해 매운 조미료를 거의 쓰지 않습니다. 지금도 토-가라시(唐辛子, 고춧가루)를 살짝만 뿌리는 정도이고 와사비(わさび, 고추냉이)도 조금만 곁들여 먹지요. 그래서 일본 식당에서 한국인이 일본인의 몇 배나 되는 토-가라시나 와사비를 넣는 걸 보면 일본인들은 놀라기도 합니다. 너무 많이 넣으면 요리의 섬세한 맛을 느끼지 못하게 되어 만든 사람에게 실례가 된다고 생각하기도 하니 적당히 넣는 편이 좋겠습니다. 평소 일본은 한국의 고춧가루, 고추장처럼 매운 조미료를 별로 쓰지 않지만, 코쇼-(胡椒, 후추)나 산쇼-(山椒, 초피가루), 카쇼-(花椒, 화자오)와 같은 향신료는 오히려 한국보다 많이 씁니다. 이런 향신료는 의외로 한국인에겐 익숙하지 않아 입에 안 맞을 수도 있으니 조금씩 맛보는 걸 추천합니다.

일본다운 맛의 정체는 가다랑어포?

한국과 일본의 조미료는 비슷한 게 많긴 하지만, 막상 일식을 먹어 보니 한국 음식에서 잘 느껴지지 않던 뭔가 일본다운 맛이 느껴지지 않으셨나요? 일본에서는 미소시루(된장국), 우동, 라멘 등 국물이 있는 요리나 조림 등을 만들 때 가다랑어포(가츠오부시)를 정말 많이 사용합니다. 타코야키나 오코노미야키 위에 얹는 토핑 정도로 알고 계신 분들이 많겠지만, 일본에서는 조미료로도 잘 쓰거든요. 육수를 만들 때 가다랑어포를 다시마와 같이 많이 사용하는데, 가다랑어포에는 동물성 감칠맛 성분인 이노신산, 다시마에는 아미노산의 일종인 글루탐산이 들어 있어 같이 끓이면 감칠맛이 한층 더 풍부해지기 때문에 일본인들은 예부터 가다랑어포와 다시마를 자주 쓴 것이지요. 가다랑어포는 반찬으로 먹어도 맛있습니다. 히야약코(냉두부)를 먹을 때 가다랑어포는 필수로 얹어야 하며 밥에 얹어 간장을 뿌려 먹거나 오니기리(주먹밥)에 넣어도 맛있어 인기가 많아요. 참고로 간장을 뿌린 가다랑어포 반찬을 일본어로 오카카(おかか)라고 합니다.

일본인이 즐겨 먹는 TKG

일본어 '타마고(玉子)'는 '계란', '카케(かけ)'는 '얹다', '고항(ご飯)'은 '밥'을 뜻합니다. 즉 타마고카케고항이란 밥 위에 날계란을 얹고 간장을 섞어 먹는 '날계란밥'을 말하는 것이죠. 젊은 친구들은 타마고카케고항(=Tamago Kake Gohan)을 줄여 'TKG'라고 부르기도 해요. 아침에 시간 없을 때 간단히 먹는 식사로 딱 좋아요. 낫토(일본식 청국장)고항과 함께 일본에서 손꼽히는 음식입니다. 일본에서 타마고카케고항은 남녀노소 상관없이 즐겨 먹는 음식이랍니다. 각자 취향에 맞게 여러 재료를 추가해 먹는데, SNS에서는 특히나 창의적인 타마고카케고항을 볼 수 있어요. SNS에서 TKG를 검색하면 먹음직스럽고 예술적(?)인 타마고카케고항을 볼 수 있으니 한번 구경해 보세요. 일본인이 타마고카케고항을 얼마나 사랑하는지 제대로 알 수 있을 거예요.

참고로 일본에는 다양한 타마고카케고항 전용 간장이 있답니다. 여러 가지 재료를 넣어 타마고카케고항과 잘 어울리는 간장을 만든 것으로, 가다랑어포, 굴, 가리비, 다시마 등 해산물 농축액을 넣은 상품이 많아요. 일본 마트에서 쉽게 구할 수 있으니 기회가 된다면 맛보시는 걸 추천합니다.

네바네바(끈적끈적) 일본 식재료, 잘 드세요?

청국장은 잘 먹지만 낫토는 못 먹는다는 한국인이 의외로 많은 듯합니다. 둘 다 콩을 발효시켜 만든 음식인데 신기하네요. 낫토를 잘 못 먹겠다는 여러 한국인 친구에게 그 이유를 물어보니 끈적끈적한 식감이 싫다고 말하는 사람이 제일 많더라고요. 특유의 끈적끈적한 식감에 익숙하지 않아서 그렇겠지요. 서양인 중에는 떡의 식감 때문에 잘 못 먹겠다고 하는 사람이 있는 것처럼 익숙하지 않은 식감에 거부감을 느낄 수도 있고 적응하는데 시간이 걸릴 수 있죠. 그런데 생각해 보면 일식에는 끈적하거나 미끈미끈한 음식이 유독 많은 것 같지 않나요? 일본에서 자주 먹는 토로로(간 마), 오크라, 메카부(미역귀)도 다 그런 음식입니다. 이런 끈적하고 미끈거리는 식감을 일본어로 '네바네바(ねばねば)'라고 해요. '네바네바' 음식은 기력을 보충할 수 있는 스태미나 식품일 뿐

만 아니라 위 점막을 보호하고 장 건강에도 좋다고 해 일본인들이 즐겨 먹어요. 제 주변의 한국 사람 중엔 토로로(간 마)를 일본에서 처음으로 먹어 보고 그 매력에 푹 빠졌다는 사람이 많더라고요. 토로로는 한국에서 먹기 힘드니 일본 현지에서 맘껏 즐기고 가세요.

일본 식당에서는 '네바네바바동(ねばねば丼)'이나 '네바네바코바치(ねばねば小鉢)'라고 하는 낫토, 토로로, 오크라, 계란 노른자 등 미끈거리는 재료를 모아서 만든 덮밥이나 반찬을 팔아요. 혹시 네바네바 음식을 잘 드신다면 한번 도전해 보세요.

야쿠미(고명)는 적당히

음식의 맛을 더하기 위해 곁들이는 고명을 일본어로 '야쿠미(薬味)'라고 하는데 일본의 대표적인 야쿠미에는 와사비(고추냉이), 다진 생강, 잘게 자른 파 등이 있어요. 야쿠미는 토핑과는 달라 기본적으로 조금만 넣는 것인데 외국인들이 일식집에서 일본인의 몇 배나 되는 야쿠미를 넣는 걸 보면 야쿠미에 대한 인식이 서로 다른 듯합니다. 스시(초밥)집에서 와사비를 너무 많이 넣는 외국인을 볼 때마다 스시 본연의 맛을 못 느낄까 봐 걱정되어 적정량을 알려 줄까 고민한 적이 한 두 번이 아니었어요. 야쿠미는 음식 본연의 맛을 해치지 않는 선에서 넣는 것이라는 점을 잊지 마세요.

일본인의 마요네즈 사랑

일본인 중엔 마요네즈를 좋아하는 사람이 정말 많습니다. '마요네즈를 사랑하는 사람'이라는 뜻을 가진 '마요라-(マヨラー)'임을 공언하는 유명인도 있을 정도인데, 대표적인 마요라-는 일본 국민 아이돌이었던 SMAP의 가토리 싱고(香取慎吾)입니다. 그는 노래를 부를 때도 마요네즈 사랑을 보여 주는 퍼포먼스를 하며 심지어 항상 가방에 마요네즈를 넣고 외출한다고 해요.

일본인은 왜 이렇게 마요네즈를 좋아할까요? 그건 바로 맛있는 마요네즈가 많

기 때문인 듯합니다. 저는 한국에 살 때 한국 음식을 무척 좋아해 먹는 것에 불편함은 없었지만 유일하게 아쉬웠던 점이 바로 일본 마요네즈를 구하기 힘들다는 점이었습니다. 일본 마요네즈는 노른자 양이 많고 품질 좋은 식초를 쓰기 때문에 맛이 뛰어나다고 합니다. 대표적인 일본의 마요네즈 제조업체는 큐-피-(キューピー)와 아지노모토(味の素)가 있는데, 개인적으로 전 아지노모토 마요네즈 팬이에요. 마요네즈 소비량이 많은 일본에서는 건강하게 마요네즈를 즐기기 위해 콜레스테롤을 줄인 마요네즈, 아마씨유나 MCT오일을 넣은 마요네즈 등을 다양하게 판매합니다. 한번 일본 마트에서 구경해 보고 궁금한 제품을 맛보는 걸 추천해요.

마요네즈를 어떻게 먹으면 더 맛있을까요? 브로콜리, 토마토, 아스파라거스 등을 찍어 먹으면 정말 맛있습니다. 크로켓, 햄버그스테이크, 군만두, 카라아게(닭튀김), 쇼-가야키(돼지고기생강구이)와 같은 음식을 찍어 먹어도 맛있어요. 또 토마토케첩과 마요네즈를 섞어서 만든 오로라 소스를 햄버그스테이크나 고기에 뿌려 먹어도 맛있을 거예요.

1 공깃밥
ご飯・ライス
고항/라이스

2 백미밥
白米
하쿠마이

3 현미밥
玄米
겜마이

4 잡곡밥
雑穀米
작코쿠마이

5 오곡밥
五穀ご飯
고코쿠고항

6 삼각김밥, 주먹밥
おにぎり*
오니기리

7 오차즈케, 차밥
お茶漬け
오챠즈케

8 죽
お粥
오카유

9 일본식 된장국
みそ汁・味噌汁
미소시루

10 돼지고기된장국
とん汁・豚汁
톤지루

11 일본식 야채수프
けんちん汁
켄친지루

12 일본식 맑은국
すまし汁
스마시지루

13 반찬
おかず
오카즈

14 채소 절임
漬け物
츠케모노

15 채소 절임, 겉절이
お新香
오싱코

＊ 오니기리는 오무스비(おむすび)라고도 합니다.

39

16 쌀겨채소절임	**17** 가지절임	**18** 단무지
ぬか漬け _づ	柴漬け _{しば づ}	たくあん
누카즈케	시바즈케	타쿠앙

19 종지, 반찬	**20** 데친나물무침	**21** 우엉볶음
小鉢 _{こ ばち}	おひたし	きんぴらごぼう
코바치	오히타시	킴피라고보-

22 일본식 톳조림	**23** 냉두부	**24** 일본식 청국장
ひじき煮 _に	冷奴 _{ひややっこ}	なっとう・納豆
히지키니	히야약코	낫토-

25 날계란	**26** 매실장아찌	**27** 가다랑어포
生卵・生玉子 _{なまたまご なまたま ご}	梅干し _{うめ ぼ}	かつおぶし
나마타마고	우메보시	카츠오부시

28 젓갈	**29** 명란젓	**30** 백명란젓
塩辛 _{しおから}	明太子 _{めんたい こ}	たらこ
시오카라	멘타이코	타라코

31 돌김	**32** 팽이버섯간장무침	**33** 미역귀
いわのり・岩海苔	なめたけ	めかぶ
이와노리	나메타케	메카부
34 간 마	**35** 오크라	**36** 자소엽(차조기)
とろろ	オクラ	しそ・紫蘇
토로로	오쿠라	시소
37 여주	**38** 조미료	**39** 새콤한 간장 소스
ゴーヤ	調味料	ポン酢
고-야	쵸-미료-	폰즈
40 간장	**41** 소금	**42** 된장
しょうゆ・醤油	塩	みそ・味噌
쇼-유	시오	미소
43 식초	**44** 마요네즈	**45** 우스터소스
酢	マヨネーズ	ウスターソース
스	마요네-즈	우스타-소-스

46 고추냉이	47 고춧가루	48 고추기름, 라유
わさび	とう がら し 唐辛子	ラー油 _ゆ
와사비	토-가라시	라-유

49 겨자	50 후추	51 유자고추페이스트
から し 辛子	こしょう・胡椒	ゆ ず 柚子こしょう
카라시	코쇼-	유즈코쇼-

52 초피가루	53 화자오	54 녹차
さんしょう 山椒	か しょう 花椒	りょくちゃ 緑茶*
산쇼-	카쇼-	료쿠챠

55 보리차	56 호지차	57 우롱차
むぎちゃ 麦茶	ほうじ茶* _{ちゃ}	ウーロン茶・烏龍茶 _{ちゃ}
무기챠	호-지챠	우-론챠

★ 일본에서 녹차는 차의 기본이자 일본을 대표하는 차라는 인식이 있기 때문에 '니혼차(日本茶)'라고 부르기도 해요.

★ 호지차는 녹차의 일종으로, 볶은 찻잎을 달인 차입니다. 향이 고소하고 쓴맛이 거의 없기 때문에 식사와 같이 마시면 잘 맞아요.

ご飯・ライス 고항/라이스

공깃밥

한국에선 잡곡밥이나 찹쌀밥 등도 곧잘 먹지만 일본에서는 주로 흰쌀밥을 먹기 때문에 대부분의 일본 식당에서는 흰쌀밥이 나옵니다. 정미 기술의 발달로 서민들도 차차 흰밥을 먹게 된 에도 시대(1603~1867년) 이후 일본에서 흰쌀밥은 맛있는 음식의 상징이 되었고 여전히 그런 이미지가 있어요. 하지만 최근 들어 건강식에 대한 관심이 높아지면서 현미밥이나 잡곡밥을 고를 수 있는 식당이 점점 늘어나고 있습니다. 흰쌀밥을 현미밥이나 잡곡밥으로 바꿀 때는 50~100엔 정도의 추가금이 생기기도 합니다.

おにぎり 오니기리

삼각김밥, 주먹밥

이자카야(술집)나 소바(메밀국수)집, 우동집 등에서는 공깃밥 대신 주먹밥을 팔기도 합니다. 반찬이나 면 요리를 먹을 때 밥이 없으면 뭔가 부족한 느낌이 들 수도 있으니까요. 오무스비(おむすび) 또한 주먹밥을 나타내는 말로, 만드는 방법이나 속재료 등에 차이는 없습니다.

お茶漬け 오챠즈케

밥에 차나 맛국물을 부어 먹는 음식

녹차에 밥을 말아 먹는 오챠즈케(お茶漬け)는 한국에서 전골의 마무리로 죽을 먹는 것처럼 식사의 마무리로 먹는 경우가 많습니다. 맛국물에 밥을 말아 먹으면 다시챠즈케(出汁茶漬け)라고 하며 도미를 넣으면 타이챠즈케(鯛茶漬け)라고 해요.

お粥 오카유

죽

한국에는 죽 전문점이 따로 있지만 일본에는 죽 전문점은 따로 없으며 한국처럼 종류가 다양하지 않습니다. 일본 호텔이나 온천 료칸(旅館, 일본 전통 여관)의 아침 식사 뷔페에서 밥 외의 식사 메뉴로 죽을 제공하기도 하니 일본 죽을 먹어 볼 기회가 있을 수도 있어요.

汁物 시루모노

국

일본에는 '이치쥬−산사이(一汁三菜)'라는 말이 있는데 이는 밥과 국 하나(一汁), 반찬 세 가지(三菜)로 상차림을 구성한다는 뜻입니다. 그래서인지 일본인에게는 밥을 먹을 때는 국이 꼭 있어야 한다는 생각이 있어 정식(定食)을 주문하면 대부분 미소시루(일본식 된장국)가 같이 나옵니다. 하지만, 돈부리(덮밥)집 등에서는 국을 따로 주문해야 하는 경우도 있으며 최근에는 굳이 국을 같이 먹지 않아도 된다고 생각하는 일본인도 생겼어요.

みそ汁・味噌汁 미소시루

일본식 된장국

미소시루의 주재료인 일본 된장 '미소(みそ・味噌)'는 지역마다 맛과 색이 크게 다르기 때문에 미소시루 맛도 각양각색입니다. 보통 미소시루의 육수는 가다랑어포, 멸치, 다시마 등을 사용하고 건더기는 한 두 가지를 넣는데, 대표적으로 미역(わかめ, 와카메), 두부(豆腐, 토-후), 미끌거리는 식감이 특징인 나도팽나무버섯(なめこ, 나메코), 바지락(あさり, 아사리), 재첩(しじみ, 시지미) 등 해초와 채소, 조개 등을 넣어요. 재첩이 들어간 미소시루는 해장에 좋다고 하는데 해장용 음식이 별로 없는 일본에서는 재첩미소시루가 귀한 해장국입니다. 나도팽나무버섯, 재첩이 들어가는 미소시루는 각각 나메코지루(なめこ汁), 시지미지루(しじみ汁)와 같이 부르기도 해요.

 ## とん汁・豚汁 톤지루

돼지고기된장국

톤지루는 돼지고기가 들어간 일본식 된장국이에요. 일반적인 미소시루는 건더기가 한 두 가지밖에 없지만 톤지루는 돼지고기 외에 무, 당근, 우엉 등 야채도 같이 들어갑니다. 정식집에서 미소시루를 톤지루로 변경하려면 미소시루보다 업그레이드되는 느낌이라 100~150엔 정도 더 내야 하는 경우가 많아요. 한국 된장찌개처럼 주 식사 메뉴가 되는 경우는 적지만, 아주 가끔 '톤지루 정식(豚汁定食)'을 팔기도 합니다. 또한 맛있는 톤지루는 돈카츠 맛집에서도 볼 수 있습니다. 돈카츠를 만들 때 사용하는 좋은 돼지고기를 톤지루에도 넣어서 그렇다고 해요.

 ## けんちん汁 켄친지루

일본식 야채수프

무, 당근, 우엉, 토란, 곤약, 두부를 참기름으로 볶고 맛국물을 넣어 간장으로 맛을 낸 국입니다. 켄친지루는 원래 일본식 사찰 음식인 정진(精進) 요리이었기 때문에 고기나 생선을 넣지 않으며 맛국물에도 다시마나 표고버섯을 사용해요. 일식집에서 종종 나오기도 합니다.

 ## すまし汁 스마시지루

일본식 맑은국

가다랑어포나 다시마를 끓인 맛국물에 간장이나 소금으로 맛을 낸 국입니다. 연하고 맑은 국물이 특징이며 보통 두부나 표고버섯, 어묵, 파드득나물 등을 건더기로 넣어요. 스시(초밥)집이나 카이세키(일본 전통 요리)집에서 섬세한 요리를 먹을 때 같이 나옵니다.

漬け物 츠케모노

채소 절임

정식을 주문하면 밥과 미소시루(된장국)와 함께 나오는 반찬이 일본식 채소 절임인 츠케모노(漬け物)입니다. 보통 두 세 조각 정도로 소량만 나오는데, 한국의 반찬처럼 무료로 추가할 수는 없으며 돈을 내야 하기도 해요. 츠케모노는 소량으로도 밥을 잘 먹을 수 있도록 간이 센 것이 많아요. 또한 취향에 맞게 고춧가루를 살짝 뿌려 먹는 사람이 있긴 하지만 기본적으로 한국인이 좋아하는 매운 츠케모노는 없답니다. 전통 일식집에서는 츠케모노를 코-노모노(香の物)라고 부르기도 해요.

お新香 오싱코

채소 절임, 채소 무침, 겉절이

츠케모노는 오랫동안 저장하고 먹을 수 있도록 소금에 푹 절인 것이라면, 오싱코는 하룻밤 정도로 짧게 절인 반찬으로, 무침이나 겉절이와 비슷합니다. 보통 배추, 오이, 순무, 가지, 당근 등으로 만들며 아사즈케(浅漬)라고도 부릅니다.

ぬか漬け 누카즈케

쌀겨채소절임

쌀겨(ぬか, 누카)를 물과 소금으로 반죽해 그 안에 채소를 넣고 발효시켜 만든 반찬입니다. 오래 절이면 유산균이 증가해 독특한 산미가 강해집니다. 보통 오이, 순무, 가지, 당근으로 만드는데 어떤 채소를 넣어도 맛있기 때문에 각 집마다 지역마다 다양하게 만들어 먹어요.

柴漬け 시바즈케

가지절임

시바즈케는 가지와 자소엽(차조기)를 같이 절여 만드는데 자소엽으로 채소를 절인 탓에 자줏빛을 띱니다. 자소엽은 일본에서 '아카지소(赤紫蘇)'라고 불리며 우메보시(매실장아찌)를 만들 때도 사용해요.

たくあん 타쿠앙

단무지

무를 절여 만든 반찬으로, 맛도 색깔도 한국 단무지와 별 차이 없습니다. 한국에서는 중국집 반찬으로 자주 나오지만 일본에서는 일식집이나 소바, 우동집에서 주로 나와요. 타쿠안즈케(たくあん漬け)라고 부르기도 합니다.

小鉢 코바치

종지, 작은 반찬 그릇, 반찬

약간 깊이가 있는 작은 반찬 그릇을 일본어로 '코바치'라고 부르며, 정식 메뉴의 반찬을 말하기도 합니다. 코스 요리의 전채 요리, 이자카야의 오토-시(お通し, 자릿세 개념의 반찬) 등이 담겨 나오기도 해요.

 ## おひたし 오히타시

데친나물무침

데치거나 삶은 야채를 육수에 재워 만든 요리로, 가다랑어포를 얹어 먹기도 해요. 오히타시는 간이 세지 않아 야채 자체의 맛을 즐길 수 있습니다. 주로 시금치로 만들며 코마츠나(小松菜, 청경채와 비슷한 일본 채소), 청경채, 오크라로도 만듭니다.

 ## きんぴらごぼう 킴피라고보-

우엉볶음

우엉을 채를 썰고 간장과 설탕을 넣어 달콤 짭짤하게 볶은 요리로, 연근이나 당근 등을 넣어 만들기도 합니다.

 ## ひじき煮 히지키니

일본식 톳조림

집에서도 식당에서도 자주 볼 수 있는 건강한 반찬으로, 당근, 콩, 곤약 등도 같이 넣어 만듭니다. 간장으로 맛을 낸 달콤 짭짤한 조림인데, 식당에서 나올 때는 국물이 적게 나옵니다.

 ## 冷奴 히야약코

냉두부

두부 위에 대파, 다진 생강, 양하, 가다랑어포 등의 고명을 얹어 차게 먹는 음식입니다. 주로 연두부를 사용하며 간장이나 폰즈(새콤한 간장 소스)를 뿌려 먹어요. 한국인 입장에서는 요리가 아닌 그냥 생두부라고 생각할 수도 있지만 일본인은 이런 단순한 요리를 즐겨 먹어요. 집에서 자주 먹으며 식당, 이자카야에서도 자주 나옵니다.

 ## ご飯の おとも 고한노 오토모

밥과 궁합이 좋은 반찬

밥에 얹어 먹거나 오니기리(주먹밥, 삼각김밥)의 속재료로 넣어 먹는 반찬을 일본어로 '밥의 친구'를 의미하는 '고한노 오토모(ご飯の おとも)'라고 부르기도 합니다. 명란젓, 돌김, 매실장아찌 등이 있습니다.

なっとう・納豆 낫토ー

낫토, 일본식 청국장

한국의 청국장과 비슷한 삶은 콩을 발효시켜 만든 일본의 전통 음식으로, 그대로 밥에 얹어 먹습니다. 밥이 너무 뜨거우면 낫토의 풍미가 떨어지니 밥에 얹지 않고 반찬 삼아 먹는 사람도 있어요. 일본의 국민 음식이라고 해도 과언이 아닌 낫토는 다양한 종류가 있습니다. 콩알이 큰 걸 오ー츠부(大粒), 중간 크기를 츄ー츠부(中粒), 작은 걸 코츠부(小粒), 잘게 빻아 만든 걸 히키와리(ひきわり)라고 부릅니다. 처음 먹는다면 코츠부나 히키와리가 먹기 편할 거예요. 주로 집에서 먹는 반찬이지만 식당에서 사이드 메뉴로 팔기도 하니 한번 도전해 보세요. 먹을 때는 먼저 잘 휘젓다가 간장 타레(소스)를 넣고 다시 휘저어 주세요. 그래야 일본어로 '네바리(粘り)'라고 하는 특유의 끈기가 잘 생깁니다. 보통 낫토와 함께 파나 카라시(겨자)를 넣어 먹는데 계란 노른자나 한국 배추김치를 넣는 사람도 있어요. 낫토와 김치는 둘 다 발효 음식이라 그런지 잘 어울립니다.

 ## 生卵・生玉子 나마타마고

날계란

일본인은 날계란을 잘 먹는데, 집에서 간단한 아침 식사로 흰밥에 날계란을 얹은 날계란밥을 먹습니다. 그래서 정식집 중에는 사이드 메뉴로 날계란을 파는 곳이 많아요. 규동(소고기덮밥), 우동, 짬뽕에도 날계란을 얹어 먹습니다. 또, 스키야키(소고기야채전골)를 먹을 때 날계란을 풀어 고기를 찍어 먹으면 맛있게 먹을 수 있습니다. 계란을 날로 먹어도 괜찮을지 걱정되겠지만 일본에서 파는 날계란은 다 날로 먹을 수 있도록 위생 관리를 잘하고 있으니 걱정은 안 하셔도 됩니다.

 ## 梅干し 우메보시

매실장아찌

자소엽(차조기)과 소금을 넣어 새콤하게 절인 매실로, 가장 대표적인 오니기리(주먹밥)의 속 재료이며 일본 도시락 밥 위에 꼭 얹는 반찬이기도 해요. 밥이 쉽게 쉬지 않도록 산미가 강한 우메보시를 넣는다고 해요. 신맛이 너무 강해 외국인들이 먹기 어려워하는 일식 중의 하나이지만, 일식에 빼놓을 수 없는 대표적인 반찬이기도 합니다.

 ## かつおぶし 카츠오부시

가다랑어포

가다랑어를 말려 대패로 얇게 깎은 가공 발효 식품이에요. 한국인에게는 보통 타코야키나 오코노미야키 위에 얹는 식재료라는 인식이 강하겠지만, 간장을 뿌려 밥에 얹거나 오니기리(주먹밥)에 넣어 먹기도 해요. 또한 라멘, 소바(메밀국수) 등의 각종 국물에도 자주 넣습니다.

塩辛 시오카라

젓갈

해산물을 소금에 절여 보존성을 높인 발효 식품인 시오카라는 고추나 매운 향신료를 일절 넣지 않고 만들며 그중 가장 대표적인 젓갈은 오징어로 만든 '이카노시오카라(イカの塩辛)'입니다. 밥반찬이나 이자카야(술집) 안주로 먹기도 해요. 굉장히 짜니 먹을 때는 조금씩만 드세요.

明太子 멘타이코

명란젓

후쿠오카에 이주한 한국인이 한국의 명란젓을 현지화해 만들어 후쿠오카현 하카타시의 명물로 유명해졌는데 이제는 전국적으로 많은 사랑을 받고 있습니다. 원래 일본에는 고춧가루가 들어가 붉고 매운 젓갈이 없어 익숙하지 않은 맛임에도 불구하고 많은 사람이 즐겨 먹게 된 드문 음식이랍니다.

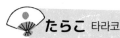
たらこ 타라코

백명란, 맵지 않은 명란젓

고춧가루를 넣지 않고 만든 명란젓으로, 말하자면 맵지 않은 멘타이코입니다. 고춧가루를 넣지 않기 때문에 멘타이코보다 색이 연해요. 멘타이코는 후쿠오카의 특산물이라는 인식이 강한 반면, 타라코는 옛날부터 일본 전국 각지에서 먹던 반찬이며 정말 다양한 요리에 사용합니다. 특히 오니기리(주먹밥)나 스파게티에 자주 넣어 먹어요.

いわのり・岩海苔 이와노리

돌김

한국처럼 말려서 먹기도 하고 간장과 설탕으로 달콤 짭짤하고 촉촉하게 졸여 반찬으로도 잘 먹는데, 이 반찬을 '츠쿠다니(佃煮)'라고 불러요. '이와노리츠쿠다니(岩海苔佃煮)'는 일본의 대표적인 '고한노 오토모(밥 친구)' 중 하나이며, 온천 료칸(일본 전통 여관)이나 호텔의 조식으로 자주 나옵니다.

なめたけ 나메타케

팽이버섯간장무침

팽이버섯을 육수에 넣고 끓여 간장 양념으로 맛을 낸 반찬을 일본어로 나메타케라고 합니다. 미끈미끈한 묘한 식감이 특징이며, 밥반찬으로 인기가 많아요. 이것도 역시 온천 료칸(일본 전통 여관), 호텔의 조식으로 자주 나옵니다.

めかぶ 메카부

미역귀

일본에서 반찬에 자주 넣어 먹는 식재료인 미역귀는 삶아서 잘게 잘라 먹어요. 미역귀를 삶으면 끈적끈적해지는데, 여기에 폰즈(새콤한 간장 소스)나 생강을 넣어 먹으면 무척 맛있습니다.

オクラ 오쿠라

오크라

아프리카가 원산지인 채소로, 끈적끈적한 식감이 일식과 잘 어울려서 그런지 일본에서는 즐겨 먹습니다. 겉모습은 청양고추처럼 생겼지만 맛은 전혀 맵지 않으며 자른 단면은 예쁜 별 모양이에요. 샐러드나 덮밥 등에 자주 쓰입니다.

 ## しそ・紫蘇 시소

자소엽, 차조기

들깨의 변종으로, 깻잎과는 또 다른 독특한 맛이 있어 한국인 중에는 못 먹는 사람이 의외로 많아요. 주로 사시미(회)에 곁들여 나오고 카이센동(해산물덮밥)에 얹거나 노리마키(김초밥)에 들어 있기도 합니다. 회의 비린내를 없애고 식중독을 예방하는 효능이 있다고 해요.

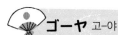 ## ゴーヤ 고-야

여주

오이의 일종인 여주는 오키나와(沖縄)에서 많이 나는 채소로, 쓴맛이 아주 강한 것이 특징이에요. 고-야챰푸르(여주두부볶음) 등의 오키나와 향토 요리에 자주 쓰입니다.

 ## ポン酢 폰즈

새콤한 간장 소스

유자나 레몬 등 감귤류의 과즙을 넣어 만든 간장 소스로, 샤부샤부를 비롯한 다양한 전골을 먹을 때 자주 씁니다. 약간 느끼한 고기도 폰즈에 찍어 먹으면 상큼하게 먹을 수 있고 야채와도 궁합이 좋기 때문입니다. 교자(군만두)나 두부, 간 무, 미역귀, 가다랑어회 등에 뿌려 먹어도 맛있어요.

 ## しょうゆ・醤油 쇼-유

간장

간장은 각 지역과 만드는 업체에 따라 맛이 꽤 다릅니다. 일본 동쪽이나 동북 지방에서는 색이 진한 코이쿠치쇼-유(濃口醤油)를 사용합니다. 그래서 간장이 들어가는 소바나 우동, 조림 등의 색깔이 진한 것이지요. 일본 서쪽에서 주로 쓰는 우스쿠치쇼-유(淡口醤油)는 색이 연하고 상대적으로 감칠맛이 약하기 때문에 재료 자체의 맛을 방해하지 않으며 조림이나 국물을 만들 때도 색이 맑게 나옵니다. 교토 요리가 색이 연하고 간장 맛보다 맛국물의 맛을 강조하는 건 우스쿠치쇼-유를 쓰기 때문입니다. 하지만 우스쿠치쇼-유에는 소금을 더 많이 쓰기 때문에 색이 연하다고 덜 짠 것은 아닙니다. 또한 규슈 지방의 간장에는 설탕이 많이 들어 있어 다른 지방 사람이 규슈 요리를 먹으면 '왜 이렇게 간장이 달아?'하고 놀랄 정도랍니다. 이렇게 사용하는 간장에 따라 요리의 맛이나 겉모습의 차이가 상당하기 때문에 간장 맛에 집중해 보는 것도 재미있을 거예요.

塩 시오

소금

음식에 들어간 재료 자체의 맛을 살려 먹고 싶을 때 간장 말고 소금에 찍어 먹기도 하는데 예를 들어 텐푸라(튀김)는 텐츠유(간장 소스) 외에 소금도 같이 나옵니다. 그러면 손님은 취향에 맞게 소금에 찍어 먹을 수 있지요. 또, 돈카츠를 돈카츠 소스 말고 돌소금에 찍어 먹기도 해요. 이 또한 좋은 육질의 맛을 만끽하기 위해서입니다.

 みそ・味噌 미소

된장

일본 된장인 미소는 보통 대두(大豆)에 쌀누룩을 넣어 만드는데, 지역에 따라 색이나 맛에 차이가 납니다. 일본어로 색이 진한 된장을 아카미소(赤味噌, 적된장), 연한 된장을 시로미소(白味噌, 백된장)라고 부르는데, 미소시루(된장국)를 보면 된장에 따라 차이가 꽤 난다는 걸 알 수 있을 거예요. 또, 쌀누룩을 넣지 않고 콩과 소금만으로 만드는 된장을 마메미소(豆味噌, 콩된장)라고 부르는데, 주로 일본 도카이(東海) 지방이나 시코쿠(四国) 지방에서 사용합니다. 도카이 지방 나고야(名古屋) 시의 향토 요리로 유명한 미소카츠(味噌カツ), 미소니코미우동(味噌煮込みうどん), 미소뎅가쿠(味噌田楽) 등은 마메미소의 일종인 핫쵸-미소(八丁味噌)를 사용합니다. 감칠맛이 아주 강하고 개성 있는 된장이에요. 규슈 지방에서는 콩에 보리누룩을 넣어 만드는 무기미소(麦味噌)를 사용하는데 향이 고소하고 단맛이 살짝 느껴지는 된장입니다.

 酢 스

식초

주로 중국집이나 라멘집에 있는 조미료로, 중국집에서는 교자(만두) 등을 먹을 때 간장, 식초, 라유(고추기름)를 섞어 소스를 만듭니다. 라멘집에서는 먹는 중간에 다른 맛을 즐기기 위해 식초나 라유, 다진 마늘 등을 넣어 먹기도 합니다.

マヨネーズ 마요네-즈

마요네즈

일본에는 식탁에 마요네즈가 놓여 있는 식당이 많습니다. 놓여 있지 않더라도 요청하면 주는데, 이는 반찬에 마요네즈를 뿌려 먹는 일본인이 많기 때문입니다. 오코노미야키나 타코야키 말고도 카라아게(닭튀김), 쇼-가야키(돼지고기생강구이), 야키소바(볶음면) 등에 뿌려 먹어요. 한국에서 쌈장에 오이나 고추를 찍어 먹는 것처럼 일본에선 아스파라거스, 감자 등 채소를 찍어 먹거나 샐러드에 뿌려 먹습니다.

 ## ウスターソース 우스타-소-스

우스터소스

양식집에서 흔히 볼 수 있는 소스로, 튀김에 뿌려 먹거나 요리에 넣어 먹기도 합니다. 일반적인 우스터소스보다 걸쭉한 걸 일본어로 츄-노-소-스(中濃ソース)라고 하며, 그보다 더 걸쭉하고 돈카츠에 어울리도록 만든 소스를 돈카츠 소스라고 합니다.

 ## わさび 와사비

고추냉이

스시(초밥)에 넣거나 사시미(회), 소바(메밀국수) 등을 먹을 때 사용하며 최근에는 야키니쿠(고기구이)를 먹을 때 나오기도 합니다. 사시미를 먹을 때는 앞접시에 간장과 와사비를 조금 넣어 풀어 만든 고추냉이 간장에 사시미를 찍어 먹으며, 소바를 먹을 때는 츠유(국물)에 와사비를 넣어 면을 찍어 먹어요. 일본 고유의 고추냉이를 일본어로 '홍와사비(本わさび)'라고 하는데 물이 깨끗한 곳에서만 재배할 수 있어 90% 이상을 시즈오카현(静岡県)과 나가노현(長野県)에서 재배하고 있습니다. 홍와사비는 공급이 제한적인 고급 식재료이기 때문에 대부분의 일식집 와사비는 서양 고추냉이와 배합한 것이랍니다.

唐辛子 토-가라시

고춧가루

일본에선 고춧가루를 톤지루(돼지고기된장국)나 돈부리(덮밥), 야키토리(닭꼬치), 소바(메밀국수), 우동이나 라멘에 뿌려 먹기도 하지만 기본적으로 많이 뿌리진 않습니다. 고춧가루를 일본어로 토-가라시 혹은 이치미토-가라시(一味唐辛子)라고 하며 고춧가루에 초피, 진피, 검은깨, 차조기, 삼씨를 섞은 걸 시치미토-가라시(七味唐辛子)라고 합니다. 시치미토-가라시에는 한국인이 익숙하지 않은 향신료(초피, 차조기 등)도 들어 있기 때문에 입에 안 맞을 수도 있어요. 조금씩 맛을 보고 입에 안 맞는다면 이치미토-가라시가 있는지 물어보세요.

ラー油 라-유

고추기름, 라유

라유(고추기름)는 한국보다 일본에서 볼 기회가 많을 텐데, 중국집에서는 교자(만두)나 사오마이(딤섬)를 먹을 때 간장, 식초와 라유를 섞은 소스에 찍어 먹어요. 라멘집에서는 먹는 중간에 다른 맛을 맛보기 위해 식초나 라유, 다진 마늘 등을 넣어 먹기도 합니다. 정식집에 다른 향신료와 함께 식탁에 놓여 있기도 하니 다른 반찬에 조금씩 뿌려 먹어도 됩니다. 원래 다른 조미료와 섞어 소스를 만들기 위해 사용하는 향신료이었지만 최근 라유에 마늘튀김이나 양파튀김을 넣어 밥에 얹어 먹는 반찬으로도 나왔습니다. 이걸 일본어로 '먹는 라유'를 뜻하는 '타베루라-유(食べるラー油)'라고 해요. 밥이나 야키소바(볶음면), 각종 반찬과 같이 먹는데, 식당이나 마트에서 볼 수 있습니다. 아무래도 일본인 입맛에 맞춘 음식이기 때문에 그리 맵지는 않지만 한국인의 입맛에도 잘 맞지 않을까 싶습니다. 마트나 식료품 가게 등에서 여러 종류를 판매하니 일본 여행 기념품으로도 좋을 듯합니다.

辛子 카라시

겨자

일본어로 겨자를 '카라시(辛子)'라고 부릅니다. 일본에서는 낫토(청국장)에 넣거나 돈카츠, 사오마이(딤섬), 어묵 등을 취향껏 찍어 먹기도 해요.

胡椒 코쇼-

후추

주로 라멘집이나 중국집에서 많이 볼 수 있습니다. 옛날식 일본 라멘(쇼유라멘)이나 인스턴트 라면에 뿌려 먹는 사람이 많고 중국집에서 교자(만두)를 먹을 때, 간장이나 고추기름을 넣지 않고 식초에 후추를 듬뿍 뿌려 찍어 먹는 사람도 있어요.

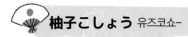

柚子こしょう 유즈코쇼-

유자고추페이스트

다진 청유자 껍질과 풋고추에 소금을 넣어 만든 조미료로, 전골에 조금 넣거나 각종 볶음 요리와 반찬에 곁들여 먹습니다. 원래 규슈 지방에서 자주 쓰였지만 이제는 일본 전국의 식당에서도 흔히 볼 수 있게 되었습니다. 코쇼-(こしょう・胡椒, 후추)라는 이름과 달리 실제로 후추가 들어 있진 않아요. 규슈 지방의 옛날 사투리로 풋고추를 코쇼-라고 불렀기 때문에 유즈코쇼-라는 이름이 된 것입니다.

花椒 카쇼-

화자오

한국에서 마라탕이 인기가 많기 때문인지 화자오에 익숙한 사람이 전보다 늘어난 듯하지만, 일본의 탄탄면이나 마파두부에는 그런 사람들도 당황할 만큼 화자오가 많이 들어 있기도 합니다. '일본인은 자극적인 음식을 잘 못 먹을 텐데 왜 그러지?'라고 생각할 수도 있겠지만 아시다시피 전통 일식에 매운 향신료를 잘 안 썼기 때문에 매운 음식을 잘 못 먹는 사람이 많아요. 그 대신이라고 하면 좀 웃기지만 이런 자극적인 향신료는 생각보다 잘 먹게 되었습니다. 일본에는 매운 걸로 유명한 사천요리집이 아니더라도 얼얼해서 한국인이 먹기 힘들 정도로 화자오를 많이 넣는 가게도 있어요. 사천요리집이나 탄탄면 전문점에서는 화자오 등 향신료의 양을 조절할 수도 있으니 먹기 전에 미리 조절하는 걸 추천합니다.

お茶 오차

차

일본 식당 중에는 물뿐만 아니라 차도 무료로 주는 곳이 많은데 보통 녹차, 호지차, 보리차 등을 줍니다. 스시(초밥)집에서는 보통 녹차를 주고 소바(메밀국수)집에서는 메밀차를 주기도 하는데 한국처럼 옥수수차를 주진 않아요. '일본의 차'라고 하면 우롱차를 떠올리는 사람도 있겠지만, 우롱차는 무료로 나오진 않고 따로 주문해야 합니다.

B 밥 종류는 어떻게 하시겠어요?
ご飯の 種類は いかが いたしましょうか?
고한노 슈루이와 이카가 이타시마쇼-카?

잡곡밥으로 주세요. **A**
雑穀米で お願いします。
작코쿠마이데 오네가이시마스

A 된장국을 돼지고기된장국으로 바꿀 수 있나요?
味噌汁を とん汁に 変更できますか?
미소시루오 톤지루니 헹코-데키마스카?

정식집이나 돈카츠집에서 종종 쓰이는 말로, 보통 50~100엔을 추가로 내면 변경할 수 있습니다.

A 돼지고기된장국은 파를 빼고 주세요.
とん汁は ネギ抜きで お願いします。
톤지루와 네기누키데 오네가이시마스

B (후식으로) 차를 드릴까요?
お茶を お出ししましょうか?
오챠오 오다시시마쇼-카?

일본 식당에서 콜라나 사이다를 주문하려 했는데, 메뉴에 둘 다 없어서 좀 놀랐어요. 일본은 원래 그런가요?

가게마다 다르긴 하지만 기본적으로 한국처럼 콜라, 사이다가 필수라는 인식이 없어 일본 식당에서는 콜라, 사이다를 안 팔기도 해요. 그 지방 특산물로 만든 주스 등만 팔거나 음료수 자체를 아예 안 파는 경우도 있습니다. 일식집에서는 보통 차를 주거나 술을 파니까 음료는 팔지 않아도 된다고 생각하는 가게가 있는 듯해요.

일본에도 매운 음식이 있나요?

본래 전통 일식에는 매운 요리가 없지만 라멘이나 카레 등에는 매운맛 선택지가 있긴 합니다. 격하게 매운맛을 일본어로 '게키카라(激辛)'라고 하는데, 「激辛ラーメン10倍(10배 매운 라멘)」, 「激辛カレー20倍(20배 매운 카레)」와 같이 매운 단계를 표현해요. 하지만 이 게키카라라는 것도 어디까지나 일본인 기준으로, 매운 음식을 잘 먹는 한국인이 'OO배 매운 OO'이라는 음식을 먹어도 별로 맵지 않다고 생각할 수도 있어요. 그래서인지 게키카라라는 말에 기대했는데 그냥 짜기만 했다는 얘기를 듣기도 했습니다. 아무래도 일본인의 입맛은 한국인과 상당히 다르니 한식과 같은 기준으로 매운맛을 기대하지 않는 것이 좋겠습니다. 일본인은 고춧가루의 매운맛에는 약한 반면 초피가루나 화자오와 같은 자극적인 향신료 맛엔 강합니다. 사천요리를 먹을 때 느껴지는 얼얼한 느낌은 엄밀히 말하자면 매운맛이 아니지만 일본인은 따로 구별하지 않고 맵다고 말합니다. 일본의 게키카라 탄탄면이나 게키카라 마파두부에는 초피가루나 화자오가 상당히 많이 들어 있기 때문에 일본에서 매운맛을 기대하며 이런 음식을 주문하면 익숙하지 않아 먹기 힘든 경우도 생길 수 있습니다. 이런 일본의 매운맛의 기준을 미리 알아 두고 가능하다면 주문할 때 미리 매운맛을 조절하는 게 좋을 거예요.

일본 음식은 싱거울줄 알았는데 너무 짰어요. 원래 다 그런가요?

제가 한국인과 일본에서 밥을 먹을 때 가장 많이 듣는 말은 생각보다 짜다는 말이었습니다. '라멘통'을 자처하는 한국인 친구조차도 일본 라멘을 먹어 보더니 '아무리 나라도 이건 너무 짜서 못 먹겠다'고 하더라고요. 다른 사람에게서는 짜서 국물에 물을 넣어 먹었다는 말도 들었습니다. 라멘뿐만 아니라 쇼-가야키(돼지고기생강구이), 카라아게(닭튀김), 니자카나(생선조림), 모츠나베(곱창전골)와 같은 음식들도 외국인이 깜짝 놀랄 만큼 짜게 만들곤 하죠.

예로부터 일본은 고춧가루 등 매운 향신료를 거의 쓰지 않는 대신 소금을 많이 썼습니다. 특히 추운 일본 동북 지방에서는 짜게 먹어 체온을 유지했다고 해요. 또한 에도 시대 도쿄에서는 생산성을 높여 도시를 빨리 건설하기 위해 노동자들이 밥을 많이 먹을 수 있도록 반찬을 짜게 만들기도 했다고 합니다. 일본 서쪽 간사이 지방(오사카나 교토 등)의 전통적인 음식은 상대적으로 싱거운 편이지만 오사카의 타코야키나 오코노미야키는 소스 맛이 강하고 교토 라멘은 국물이 진합니다. 남부 지방인 규슈의 돈코츠라멘은 보통 진한 편이죠. 사실 돈코츠라멘은 쇼-유(간장)라멘이나 미소(된장)라멘보다 덜 짜지만 한국 돼지국밥보다는 짜게 느껴지죠. 아무래도 일식은 전반적으로 한식보다는 간이 세고 맛이 강한 것이 사실입니다.

가게마다 다르지만 일본에서 라멘이나 전골은 손님이 간을 조절하기도 합니다. 주문할 때 '아지 우스메(味薄め: 맛 연하게)'라고 말하면 되는데 이 때는 직원이 짜지 않은 육수를 넣어 줍니다. 먹는 중간에 부탁해도 괜찮아요. 어쩔 수 없이 물을 부어 먹는 것보다 훨씬 맛있게 먹을 수 있을 거예요.

PART 2
스시집에서

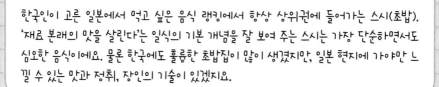

한국인이 고른 일본에서 먹고 싶은 음식 랭킹에서 항상 상위권에 들어가는 스시(초밥).
'재료 본래의 맛을 살린다'는 일식의 기본 개념을 잘 보여 주는 스시는 가장 단순하면서도
심오한 음식이에요. 물론 한국에도 훌륭한 초밥집이 많이 생겼지만, 일본 현지에 가야만 느
낄 수 있는 맛과 정취, 장인의 기술이 있겠지요.

스시를 일본에서 먹어 봐야 하는 이유

일본과 한국, 양국 모두 바다로 둘러싸인 나라이기 때문에 신선한 생선 요리를 즐겨 먹는 듯합니다. 수변 사람들이 '일본에서 스시(초밥)를 먹어 봤는데, 입에서 사르르 녹아서 깜짝 놀랐어요'라는 얘기를 많이 하는 걸 보면, 사람들은 한일 양국의 스시(초밥), 사시미(생선회)를 먹어 봤을 때 식감에 크게 차이를 느끼는 경우가 많은 것 같아요.

한국인이 흔히 즐겨 먹는 초밥은 일본어로 스시(すし·寿司·鮨)라고 합니다. 일본 현지의 스시는 한국에서 평소에 접하는 초밥과 비슷해 보여도 생각보다 많은 차이가 있어요. 일본에서는 특히 생선을 날로 먹는 식문화가 발달했는데, 대부분 바로 잡은 활어회가 아닌 적당히 숙성시켜 부드러워진 숙성 회를 먹는

답니다. 숙성을 해도 흰살생선이나 등푸른생선이 참치 뱃살만큼 부드러워지진 않지만, 그래도 한국의 활어회처럼 쫄깃한 식감은 보기 어려워요.

일본 스시집에서 현지인들은 스시의 밥을 '샤리(シャリ)', 밥 위에 얹는 생선회를 '네타(ネタ)'라고 부릅니다. 네타로는 다양한 해산물을 사용하며 그중 참치는 조리법과 부위에 따라 여러 형태로 제공합니다. 보통은 스시를 먹을 때 그 스시에 어떤 네타(회)가 얹어져 있는지를 더 중요하게 생각하는 사람이 많겠지만, 이번 일본 여행에서는 생선회뿐만 아니라 샤리(밥)에도 주목해 주셨으면 좋겠어요. 샤리(밥)는 스시의 목숨과도 같습니다. 일본에서는 '스시 맛은 샤리(밥)가 7할, 네타(생선회)가 3할'이라는 말이 있을 만큼 샤리(밥)가 중요하다고 생각하거든요. 스시 장인에게 긴 수행 기간이 필요한 이유가 바로 샤리(밥)를 움켜쥐는 방법을 익히기 위해서라고 합니다. 밥의 단단한 정도, 식초의 비율 등에 따라 달라지는 적절한 산미, 쌀 품종 등 샤리(밥) 스타일은 스시집마다 다릅니다. 또한 여러 종류의 스시를 먹어 보고 싶은데 배가 부를까 봐 걱정된다면, 샤리(밥)를 작게 해 달라고 부탁할 수도 있어요. 오마카세 메뉴를 시킬 때 우선 원하는 샤리의 크기에 대해 말해도 됩니다. 스시를 잘 아는 사람들은 스시집의 샤리 스타일을 확인하기 위해 먼저 샤리만 달라고 부탁하기도 해요. 일본 여행에서 자신의 취향에 맞는 샤리(밥)를 찾아 돌아다니는 것도 재미있을 겁니다.

여담이지만, 일본의 스시집에 가서 먼저 '샤리(밥)만 주세요'라고 부탁한다면 스시 장인에게 '이 손님은 스시를 잘 아는 사람이구나'라는 인상을 줄 수 있습니다. 그러면 부탁을 받은 스시 장인은 최대한 신경 써서 샤리(밥)를 만들어 주겠지요. 여러분도 일본 여행에서 스시 장인에게 한번 부탁해 보는 건 어떨까요?

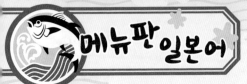

マグロ・鮪
마구로

赤身魚
아카미자카나

① 赤身
아카미

② 中トロ・中とろ
츄-토로

③ 大トロ・大とろ
오-토로

④ 赤身漬け
아카미즈케

⑤ 本マグロ・本鮪
홈마구로

⑥ ブリ・鰤
부리

⑦ カンパチ・かんぱち
캄파치

⑧ カツオ・鰹
카츠오

⑨ サーモン・サケ
사-몽/사케

光り物
히카리모노

⑩ コハダ・こはだ
코하다

⑪ サバ・鯖
사바

⑫ シメサバ・〆鯖
시메사바

⑬ アジ・鰺
아지

⑭ シマアジ・縞鰺
시마아지

⑮ サンマ・秋刀魚
삼마

⑯ キス
키스

⑰ サヨリ
사요리

참치

붉은 살 생선

등푸른 생선

5 참다랑어

4 참치장

3 대뱃살

2 중뱃살

1 붉은 살

9 연어

8 가다랑어

7 잿방어

6 방어

14 흑점줄전갱이

13 전갱이

12 초절임고등어

11 고등어

10 전어

17 학꽁치

16 보리멸

15 꽁치

白身魚
시로미자카나

① マダイ・真鯛
마다이

② ノドグロ・のどぐろ
노도구로

③ キンメダイ・金目鯛
킴메다이

④ ヒラメ・平目
히라메

⑤ エンガワ・縁側
엥가와

⑥ アナゴ・穴子
아나고

⑦ ウナギ・鰻
우나기

貝類
카이루이

⑧ ホタテ・帆立
호타테

⑨ アワビ・鮑
아와비

⑩ アカガイ・赤貝
아카가이

甲殻類
코-카쿠루이

⑪ イカ・烏賊
이카

⑫ タコ・蛸
타코

⑬ エビ・海老
에비

⑭ 甘エビ・甘海老
아마에비

⑮ ボタンエビ
보탕에비

⑯ カニ・蟹
카니

흰살생선

5 광어 지느러미
4 광어
3 빛금눈돔
2 눈볼대
1 참돔

7 뱀장어
6 붕장어

조개류

10 피조개
9 전복
8 가리비

갑각류

15 모란새우
14 북쪽분홍새우
13 새우
12 문어
11 오징어

16 게

008
mp3

軍艦巻き 궁캄마키

① **ウニ・雲丹** 우니

② **イクラ・いくら** 이쿠라

③ **ネギトロ・ねぎとろ** 네기토로

④ **カニミソ・蟹味噌** 카니미소

⑤ **アン肝** 앙키모

⑥ **数の子** 카즈노코

手巻き 테마키

⑦ **鉄火巻き** 텍카마키

⑧ **とろたく** 토로타쿠

⑨ **かっぱ巻き** 캅파마키

⑩ **かんぴょう巻き** 캄표ー마키

その他 소노타

⑪ **玉子焼き** 타마고야키

⑫ **いなり寿司** 이나리즈시

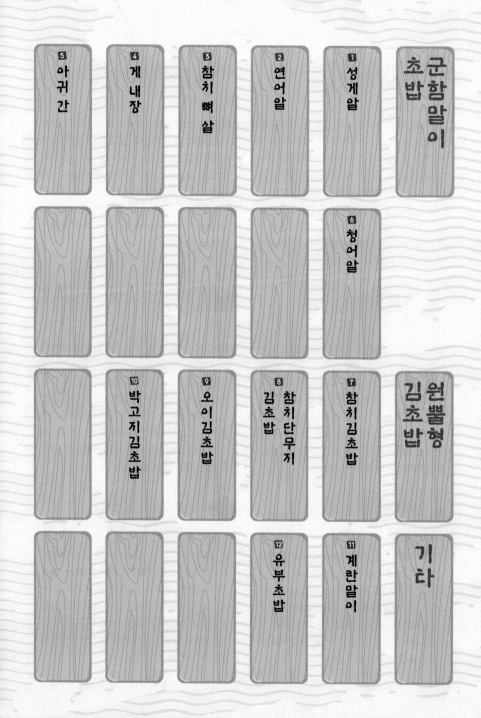

マグロ 마구로

참치

일본 초밥의 왕으로 불리는 참치는 영원한 인기 No.1 메뉴입니다. '아카미 → 츄-토로 → 오-토로'로 갈수록 마블링이 풍부하며 가격도 비싸집니다. 일본인은 부드러운 식감을 선호하는데, 편의점에서도 녹는 듯한 느낌을 표현한 일본어인 '토로리(とろ〜り)'와 '토로케루(とろける)'가 붙은 상품이 많이 보입니다. 여기서 '토로케루(とろける)'는 참치 뱃살을 뜻하는 '토로(トロ)'의 어원이기도 해요.

本マグロ 혼마구로

참다랑어

혼마구로(=쿠로마구로)는 최고급 참치 품종으로, 뱃살의 마블링이 좋고 맛이 진한 것이 특징이에요. 고급 초밥집에서 품종이 따로 적혀 있지 않은 참치는 혼마구로일 가능성이 높습니다. 회전 초밥집 등에서는 미나미마구로(남방참다랑어), 메바치마구로(눈다랭이), 키하다마구로(황다랑어), 빈쵸-마구로(날개다랑어)도 제공합니다.

カツオ 카츠오

가다랑어

일본에서는 웬만한 참치보다 맛있다고 하는 사람도 있을 정도로 굉장히 인기 있는 생선입니다. 카츠오(가다랑어)가 나오는 시기는 3월~10월쯤으로, 봄에는 맛이 담백하고 가을에는 마블링이 많아 고소하고 부드러워요. 회로 먹을 때는 주로 고추냉이를 넣은 간장이 아니라 다진 마늘이나 생강을 넣은 폰즈(과일즙을 넣은 간장)소스에 찍어 먹어요.

サーモン・サケ 사-몽/사케

연어

연어는 '사-몽'과 '사케'로 구별됩니다. 초밥집에서 파는 연어는 사-몽이며, 민물고기라서 생으로 먹지만 사케는 바닷물고기로, 구워서 먹어야 해요. 연어는 저렴한 초밥집이나 회전 초밥집에서 매우 인기가 높은 생선이지만, 전통적인 초밥집에서는 제공하지 않습니다. 그래서 고급 초밥집에서 연어를 주문해도 나오지 않는 경우가 많아요.

光り物 히카리모노

등푸른생선

초밥을 만들기 전 전처리 과정이 어려워 '히카리모노를 먹어 보면 그 스시집의 실력을 알 수 있다'라고 하는 사람이 있을 정도입니다. 히카리모노란 '(껍질이) 빛나는 생선'이라는 뜻으로 스시집에서만 쓰이는 말입니다. 코하다(전어), 사요리(학공치) 등의 흰살생선까지 같이 히카리모노로 분류하는 곳도 있어요.

シメサバ 시메사바

초절임고등어

비린내를 줄이고 감칠맛을 내기 위해 다시마 식초에 절인 고등어를 뜻합니다. '시메'는 '스데 시메루(酢で 締める, 식초로 절이다)'에서 온 말이에요. 고등어 외에도 도미, 광어, 가리비를 식초에 절여 팔기도 해요. 초밥 이름 앞에 '시메'가 붙어 있다면 다시마 식초에 절인 생선으로 만든 초밥을 뜻합니다.

玉子焼き 타마고야키

계란말이

타마고야키(계란말이)는 '교쿠(玉)'라는 호칭으로 부르기도 해요. '교쿠(玉)'는 스시집에서만 쓰이는 전문 용어 같은 느낌도 있고, 일종의 은어라서 주문할 때는 그냥 타마고야키라고 말해도 됩니다.

 いなり寿司 이나리즈시

유부초밥

이나리즈시(유부초밥)는 해산물로 만드는 다른 스시와는 달라 원래 전통적인 스시집의 메뉴는 아니었습니다. 현재는 주로 회전 초밥집이나 포장 전문 스시집에서 판매하는 메뉴입니다.

 ガリ 가리

초생강

얇게 저며 식초에 절인 생강을 말해요. 스시를 먹다 이 초생강을 먹으면 입 안이 상쾌해집니다. 가리(초생강)는 스시집에서만 쓰는 일종의 은어로, 다른 식당이나 식재료를 파는 마트 등에서는 생강을 가리라고 말하지 않고 '쇼-가'라고 합니다.

 握り 니기리

(쥠)초밥, 스시

초밥을 스시(すし) 대신 '니기리'라고 부르는 초밥집도 있어요. 초밥을 만들 때 밥을 손으로 움켜쥐는 동작을 나타내는 일본어 '니기루(握る)'에서 온 말입니다. 초밥집 메뉴판의 '니기리셋토(握りセット)'는 여러 초밥이 골고루 나오는 세트를 뜻한답니다.

 わさび・ワサビ 와사비 / **(わ)さび抜き** (와)사비누키

고추냉이/고추냉이를 뺀 초밥

스시(초밥)집에서는 느끼한 생선엔 고추냉이를 많이 넣고 담백한 생선엔 적게 넣는 등 양을 적절히 조절합니다. 와사비(고추냉이)를 무척 좋아한다면 고추냉이를 더 달라고 부탁할 수도 있겠지만, 고추냉이 맛 때문에 초밥 본래의 섬세한 맛을 못 느끼게 될 수도 있어요. 특히 고급 스시집에서 사용하는 나마와사비(생고추냉이)는 향이 좋으며 저렴한 스시집에서 사용하는 가루 와사비(서양 와사비가 배합된 것)보다 자극이 적은 편입니다. 그렇기에 강한 맛이 부족해 와사비를 더 원할 수는 있겠지만, 일본에선 고추냉이 등의 고명을 과하게 넣지 않는 것이 만든 사람에 대한 배려라는 인식이 있기도 하니 처음 나온 양으로 먹는 게 제일 좋은 방법이에요. 와사비를 잘 못 먹는다면 부담 갖지 말고 편하게 '(와)사비누키'를 부탁하면 됩니다.

チラシ 치라시

회덮밥

원래 '치라시스시(ちらし寿司)'는 해산물(참치, 연어, 연어알 등)과 계란말이, 표고버섯, 청대 완두를 얹는 화려한 덮밥을 말하지만, 일부 스시집에서는 점심 메뉴로 판매하는 카이센동(회덮밥)을 '치라시(혹은 카이센 치라시)'라고 부르기도 한답니다. 참고로 스시에 쓰기 적당하지 않은 남은 생선회 부위를 골고루 모아 간장 양념에 절였다가 밥에 얹는 카이센동(회덮밥)을 '바라치라시(バラちらし)'라고 해요.

 ## 軍艦巻き 궁캄마키

군함말이초밥

한국어로 직역하자면 '군함말이'라는 뜻으로, 이 호칭은 초밥의 모양이 군함(軍艦)처럼 생긴 모습에서 유래되었어요. 우니(성게알), 이쿠라(연어알), 네기토로(참치 뼈 살)를 주로 군함말이초밥으로 먹습니다.

 ## 手巻き 테마키

원뿔형김초밥

김에 초밥 재료를 넣고 원뿔 모양으로 감싸서 만든 김초밥으로, 일반적인 초밥 크기보다 큰 테마키는 갓 만들었을 때 김이 눅눅하지 않고 바삭해서 식감이 좋아요. 초밥 오마카세 메뉴를 파는 가게에서는 코스 요리의 후반에 나오는 경우가 많습니다.

 ## 炙り 아부리

토치로 살짝 구운 초밥

다소 느끼한 생선도 고소하게 먹을 수 있는 아부리를 한국에서는 '타다끼'라는 이름으로 팔기도 하는데, 이는 잘못된 이름입니다. 일본어 타타키는 잘게 다진 것을 의미해요. 아부리토로(살짝 구운 참치 뱃살), 아부리사-몽(살짝 구운 연어), 아부리시메사바(살짝 구운 초절임 고등어)처럼 생선 이름 앞에 '아부리'가 붙으면 토치로 구워서 조리한다는 뜻이에요.

 ## ○○産 -상

-산, -(에서) 생산함

초밥집 메뉴판에는 생선 이름 앞뒤에 「○○産(-산)」이라고 표기되어 있는 경우가 있어요. 이것은 생선의 산지를 설명하는 것인데, 초밥에 있어 생선의 산지는 아주 중요하며 일부 산지는 하나의 브랜드로서 그 가치를 인정받기도 합니다. 일본의 참치 성지인 오마(大間)에서 온 오마산 참다랑어는 최고급품으로 알려져 있어 초밥집 메뉴판에 오마산 참다랑어가 있는 걸 본 손님들은 매우 기뻐한다고 해요.

おまかせ 오마카세

주방장에게 맡긴 요리

'맡기다'라는 의미의 일본어 '마카세루(まかせる)'에서 온 말로, 스시(초밥)집에서 초밥 장인을 믿고 요리를 맡긴다는 뜻으로 쓰여요. 일반적으로 안주, 회(사시미), 초밥 등이 하나씩 코스 요리로 나옵니다. 보통 샤리(밥)의 식감은 갓 쥐어서 만든 순간이 최고라고 여기기 때문에 하나씩 제공하며 손님의 먹는 속도에 맞춰 제공하거나 취향에 맞게 샤리의 스타일을 조정해 주기도 합니다. 또한 못 먹는 생선을 미리 말하면 그에 맞게 요리를 바꿔 줍니다. 여기서 초밥은 보통 생선에 간장이나 양념을 발라 간을 해서 나오기 때문에 따로 간장을 찍지 않고 먹으면 된답니다. 한국에서는 '값비싼 고급 초밥 코스 요리'라는 뜻으로 알려졌지만, 사실 오마카세는 가격과 상관이 없어서 동네 초밥집에서 3,000엔 정도의 예산에 맞춰 오마카세로 달라고 주문할 수도 있어요. 오마카세의 식사 시간은 60~120분 정도이며, 인터넷이나 SNS 메시지 혹은 전화로 미리 예약하고 방문하면 됩니다. 식당에서는 식사를 다른 손님들과 시간을 맞춰 제공하니 예약 시간에 늦지 않도록 주의하세요.

 大将 타이쇼-

스시(초밥) 장인

스시(초밥)집의 장인, 주방장을 부를 때 쓰는 말입니다. 원래 군대의 총지휘관을 가리키는 말로, 옛 무인 사회에서 쓰던 느낌입니다. 단체의 책임자를 조금 편하게 부를 때 쓰는 말이며, 특히 스시집에서 종종 씁니다. 스시집에서는 주로 주방장을 부를 때 쓰긴 하지만, 꼭 주방장이 아니어도 다른 셰프에게 사용해도 괜찮아요. 스시를 맛보고 '타이쇼-, 코레 오이시-데스네(셰프님, 이거 맛있네요)'라고 말을 건넬 수 있겠죠.

A 오늘의 추천 해산물은 뭔가요?
今日の おすすめの ネタは 何ですか。
쿄-노 오스스메노 네타와 난데스카?

B 오늘은 홋카이도산 성게알을 추천해 드립니다.
今日は 北海道産 ウニが おすすめです。
쿄-와 홋카이도-상 우니가 오스스메데스

B 주문 도와드리겠습니다.
ご注文を 伺います。
고츄-몽오 우카가이마스

A 참치를 (쥠)초밥으로 주세요.
マグロを 握りで ください。
마구로오 니기리데 쿠다사이

TIP 사시미(회)나 카이센동(회덮밥)과 구분 지어 주문하기 위해 이렇게 강조해서 말하는 경우도 있어요.

A 이 참치는 어느 지역 참치인가요?
この マグロは、どこ産の ものですか？
코노 마구로와, 도코산노 모노데스카?

B 오늘은 오마산 참다랑어를 사용하고 있습니다.
今日は 大間産 本マグロを 使用して おります。
쿄-와 오-마상 홈마구로오 시요-시테 오리마스

70

A 초밥의 밥의 양을 적게 해 주세요.

シャリを 小さめに して ください。

샤리오 치이사메니 시테 쿠다사이

A 초밥의 밥만 먼저 주세요.

先に シャリだけ ください。

사키니 샤리다케 쿠다사이

A 전어는 고추냉이를 빼고 주세요.

コハダは (わ)さび抜きで お願いします。

코하다와 (와)사비누키데 오네가이시마스

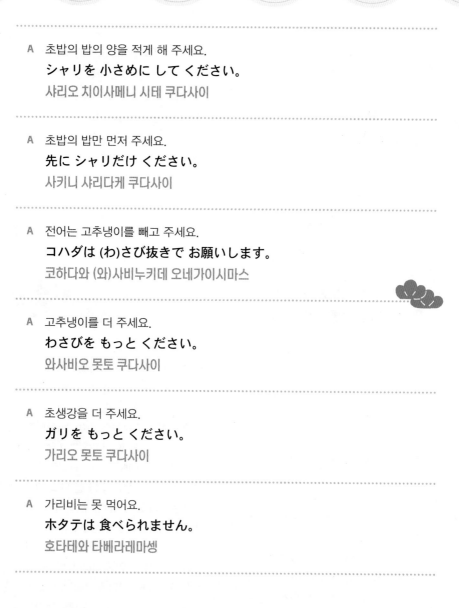

A 고추냉이를 더 주세요.

わさびを もっと ください。

와사비오 못토 쿠다사이

A 초생강을 더 주세요.

ガリを もっと ください。

가리오 못토 쿠다사이

A 가리비는 못 먹어요.

ホタテは 食べられません。

호타테와 타베라레마셍

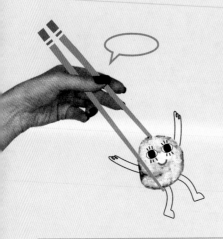

일본의 초밥집에서는 흰살생선, 빨간 생선 순으로 먹어야 한다는 얘기를 들었는데요, 꼭 그렇게 먹어야 하는 건가요? 제가 먹고 싶은 대로 먹으면 예의에 어긋날까요?

일본 사람들이 초밥을 손으로 먹는 모습을 종종 보았습니다. 초밥은 꼭 손으로 먹어야 하나요?

편한 방법으로 드시면 됩니다. 스시(초밥)를 손으로 먹는 이유는 간장에 찍어 먹을 때 스시를 뒤집어서 생선을 간장에 찍는 것이 더 맛있게 먹는 방법이기 때문입니다. 젓가락으로 스시를 들어 뒤집으려면 샤리(밥)가 무너질 수도 있어서 좀 불편해요. 일본에서는 스시를 손으로 먹는 것은 전혀 이상한 일이 아니지만, 위생적으로 신경 쓰이는 분도 있겠죠. 불편하다면 그냥 젓가락으로 먹어도 전혀 문제 없습니다.

신경 쓰지 않고 드시고 싶은 순으로 주문해도 괜찮습니다. 흰살생선부터 주문하는 것이 좋다고 하는 이유는 맛이 담백한 흰살생선 다음에 맛이 진한(느끼한) 빨간 생선을 먹어야 맛있다고 생각하는 사람이 있기 때문입니다. 반대로 먹으면 담백한 흰살생선 맛을 잘 못 느끼게 된다는 뜻이죠. 하지만, 이건 어디까지나 개인의 취향이고 빨간 생선부터 주문하는 걸 예의에 어긋나는 행동이라고 받아들이는 초밥집은 없을 겁니다. 한국에서는 '코하다(전어)부터 주문하는 게 올바른 행동'이라고 생각하는 사람도 있다고 들었지만, 꼭 그렇지는 않아요.

일본의 초밥집에서는 어떤 식초를 사용하나요?

시로즈(白酢: 흰 식초, 일반적인 식초) 혹은 아카즈(赤酢: 붉은 식초)를 사용합니다. 시로즈(흰 식초)를 넣은 샤리(밥)를 '시로샤리(白シャリ)', 아카즈(붉은 식초)를 넣은 샤리(밥)를 '아카샤리(赤シャリ)'라고 해요. 아카즈(붉은 식초)는 부드럽고 감칠맛이 깊다는 특징이 있어 고급 초밥집에서 선호한다고 합니다. 둘을 섞어 사용하는 초밥집도 있어요. 한국 초밥집은 한국인의 입맛에 맞춰서 산미를 약하게 만드는 경우가 있다고 들었습니다. 그 맛에 익숙하다면 일본 현지의 샤리(밥)가 다소 시큼하게 느껴질 수도 있어요.

일본의 각 지역에서 추천할 만한 초밥은 무엇인가요?

홋카이도(北海道)는 생선보다 게, 오징어, 우니(성게알) 등을 추천합니다. 북쪽 끝에 위치한 홋카이도는 한류가 흘러 갑각류가 잘 잡히기 때문입니다. 참치를 좋아한다면 아오모리현(青森県)의 고급 브랜드 참치인 '오-마마구로(大間マグロ)'를 추천하고, 도쿄에서 가기 쉬운 가나가와현(神奈川県)의 미사키(三崎), 시즈오카현(静岡県)의 야이즈(焼津)에도 괜찮은 참치가 많아요. 도야마현(富山県)이나 이시카와현(石川県)이 있는 호쿠리쿠(北陸) 지방도 해산물을 좋아하는 사람이라면 꼭 가볼 만한 곳이랍니다. 특산물인 게와 겨울에는 '캄부리(寒ブリ: 대방어)'를 드셔 보시는 걸 추천하고 싶어요. 규슈 지방에 위치한 후쿠오카현(福岡県)은 남쪽 지역이라 난류가 흐르기 때문에 다양한 생선이 잡히며 그 맛도 뛰어납니다. 전 개인적으로 규슈 지방의 고등어를 매우 좋아한답니다.

일본에서 서서 먹는 초밥집을 많이 봤는데, 불편해 보여 안 들어갔어요. 일본에서는 서서 먹는 초밥집은 일반적인가요?

네, 맞아요. 일본어로는 '타치구이스시(立ち食い寿司)'라고 부르는데, 최근 고급 스시(초밥)집의 세컨드(캐주얼) 브랜드로 나와 서서 먹는 초밥집이 더욱 늘어나고 있습니다.

많은 일본 사람들이 스시를 먹게 된 에도 시대(1603~1867)에 스시는 노점에서 서서 먹는 음식이었답니다. 그래서 서서 먹는 게 원래의 방식에 가장 가깝다고 볼 수도 있죠. 한국인이 서서 먹는 음식에 익숙하지 않은 것은 아무래도 의자 없이 식사하는 것은 불편하다는 게 가장 큰 이유인 것 같은데요, 이외에도 서서 먹을 때 뒤에 기다리는 사람의 눈치가 보이고 시간에 쫓겨 급하게 먹어야 할 것 같아 부담스럽다는 얘기도 들었어요. 식사(특히 외식)는 대접받는 것이라는 인식이 있어서 그런지도 모르겠네요. 실은 일본인은 서서 먹을 때 별로 '빨리 먹어야겠다'고 생각하지 않거든요. 혼자 먹는 것이 익숙해서 그런지 서서 먹을 때도 나만의 속도로 식사를 즐기기 때문에 눈치를 보지 않아요. 물론 다 먹고 나서도 자리를 차지하고 오래 있으면 곤란하지만, 패스트푸드점 느낌으로 들러서 간단히 먹고 나갈 수 있기 때문에 오히려 편하다고 생각해요.

일본에서 오마카세 메뉴는 가격대가 어떻게 되나요?

원래 일본에서 오마카세(おまかせ)는 가격과 상관이 없는 말이었지만, 일본 역시 물가가 올랐기 때문에 저렴하게 오마카세를 먹을 수 있는 집을 찾기가 어려워졌어요. 대중적인 초밥집은 5천 엔 정도부터 제공하는 곳이 있긴 하지만 평균적으로 8천 엔~1만 5천 엔 정도입니다. 고급 초밥집에서는 비쌀 수 밖에 없어서인지 2~3만 엔대가 많은 듯합니다. 이런 곳의 가격은 한국과 별 차이가 없는 것 같아요.

PART 3
소바와 우동집에서

'소바와 우동? 한국에도 파는데, 굳이 일본까지 가서 먹을 필요가 있을까?'라고 생각하는 사람이 있을지도 모르지만, 소바와 우동은 한국과 같은 재료로 비슷하게 만들어진 듯 분명히 다르며, 일본의 식문화가 잘 드러나는 음식 중 하나입니다. '소바와 우동은 다 거기서 거기지'라고 생각하는 사람들에게 특히 전하고 싶은 이야기를 이 파트에서 정성을 담아 적었습니다.

소바와 우동,
의외로 복잡한 이름과 그 종류

일본의 면 요리 라고 하면 '라멘'의 이미지가 강하지만, 사실 일본에서 서민들에게 오랫동안 사랑받이 온 음식은 소바(메밀국수)와 우동입니다. 소바와 우동을 파는 집은 일본의 어디서든 흔히 볼 수 있어요.

한국인들은 잘 모를 수도 있지만, 일본에는 '소바는 동쪽, 우동은 서쪽(そばは東、うどんは西)'이라는 말이 있습니다. 도쿄를 비롯한 일본의 동쪽 지방은 소바 중심의 문화이고, 오사카를 비롯한 일본의 서쪽 지방은 우동 중심의 문화라는 뜻이지요. 저는 도쿄 토박이인데, 생각해 보면 어렸을 때부터 쭉 소바를 먹고 자란 느낌이 듭니다. 도쿄에는 특히나 소바집이 많아요. 동네마다 소박한 소바집이 꼭 있으며, 관광객들도 즐길 수 있는 전통적인 소바집도 곳곳에 존재한

우동으로 유명한 가가와현에 간다면 우동 투어를 추천해요!

답니다. 물론 우동집이 없는 건 아니지만, 다른 지방에서 온 우동집이 대부분인 걸 보면 우동은 마치 도쿄 음식이 아닌 듯한 느낌입니다. 참고로 일본 주부 지방의 나가노현(長野県)과 도호쿠 지방의 야마가타현(山形県) 또한 소바로 유명합니다.

반면 오사카에 갔을 때 그동안 도쿄에서 먹었던 우동은 뭐였나 싶을 만큼 우동 맛이 좋고 맛집도 많았습니다. 일본의 서쪽인 시코쿠(四国) 지방에 위치한 사누키우동의 본고장인 가가와현(香川県)은 편의점보다 우동집이 더 많을 정도예요. 물론 일본 어디서든 소바와 우동 둘 다 먹을 수 있지만, 이런 정보를 미리 알고 가면 뭘 먹을지 고민될 때 도움이 되겠지요.

원래 소바는 메밀가루를 뜨거운 물에서 떡처럼 둥글게 빚어 감자옹심이처럼 먹거나(이를 '소바가키'라고 합니다), 메밀전병처럼 구워 먹는 음식이었습니다. 그러다 에도 시대 중기(1600년대 중반 이후)에 지금처럼 면 형태로 잘라 먹는 스타일이 에도(江戶, 현재의 도쿄)에 보급된 이후, 소바는 스시(초밥), 텐푸라(튀김)와 함께 나란히 에도를 대표하는 음식으로 알려지게 되었답니다. 한국에서는 메밀국수를 판메밀국수처럼 주로 냉국수로 먹지만, 일본에서는 냉(冷)소바 말고도 온(溫)소바로도 잘 먹습니다. 물론 사람들은 여름에 냉소바, 겨울에는 온소바를 더 자주 찾지만, 식당은 기본적으로 연중 내내 둘 다 판매합니다. 그래서 메뉴판에 냉소바, 온소바가 다 적혀 있는 것이지요. 참고로, 일본 냉소바의 국물에는 얼음이 들어가지 않습니다. 일본에서는 보통 얼음을 넣어 차갑게 하지 않고 적당히 시원하게 먹어요.

소바의 국물은 간장을 기본으로 하고 가다랑어포나 다시마, 멸치 등을 넣고 끓여 낸 맛국물로 만들어요. 보기엔 한국의 메밀국수와 비슷하지만, 일본의 소바 국물은 단맛이 덜 납니다. 그래서 일본인이 한국의 메밀국수를 먹어 봤을 때 '왜 이렇게 소바 국물이 달지?'라며 놀라곤 하는 것이지요. 이것은 마치 한국인이 일본에서 김치를 먹고 '왜 이렇게 김치가 달아?'라고 하는 반응과 좀 비슷한 듯 싶습니다. 라멘집에서는 국물을 '스-프(スープ)'라고 하지만, 소바집이나 우동집에서는 일반적으로 츠유(つゆ)라고 합니다 말할 필요도 없이 츠유는 소바나 우동의 맛을 좌우하는 매우 중요한 존재이지요. 참고로 소바를 먹을 때는 츠유에 면 끝만 살짝 찍어 먹는 것이 좋습니다. 츠유가 안 묻은 순수한 면 자체의 맛과 풍미 그리고 짭짤한 츠유의 맛도 같이 느낄 수 있기 때문이죠.

우동은 일본에서 인기 외식 메뉴 중 하나이기도 하며, 집에서 자주 해 먹는 가정식이기도 합니다. 일본에서는 우동을 '소화가 잘 되는 음식'이라고 여기며 감기에 걸렸거나 아플 때 먹는 음식이라고도 생각해요. 또, 아기의 이유식으로 우동을 주기도 합니다. 일본인은 태어나서 처음 먹은 음식이라 평생 우동을 사랑하는 걸지도 몰라요.

우동 면의 식감을 표현할 때 일본어에서는 '코시(コシ)'라는 표현을 자주 사용하며 이는 일본인이 우동을 먹을 때 아주 중요시하는 요소 중 하나입니다. 코시는 면의 탄력을 의미하는 말로, 한국어로는 '쫄깃한 식감'에 가까운 듯합니다. 면의 탄력이 강할 때 '코시가 츠요이(コシが 強い)' 혹은 '코시가 아루(コシが ある)'라고 표현하고, 탄력이 약하고 부드러우면 '코시가 요와이(コシが 弱い)' 혹은 '코시가 야와라카이(コシが 柔らかい)'라고 말합니다.

한국인은 '우동은 전부 다 거기서 거기지'라고 생각할 수도 있지만, 일본에서는 지방마다 특유의 스타일이 있으며 면의 굵기나 종류, 먹는 방법 등이 다양합니다. 일본인이라면 '사누키우동'이나 '이나니와우동'이 지명에서 유래된 이름이고 '북카케우동'이나 '카마아게우동'은 만드는 방법에서 온 이름이라는 걸 알고 있지만, 일본어를 잘 모르는 사람이라면 이해하기 어렵겠지요. 이 파트에서는 이러한 복잡한 우동의 종류와 특징에 대해서 제대로 설명해 드릴게요.

冷たいそば 츠메타이소바

1 もりそば
모리소바

2 ざるそば
자루소바

3 せいろそば
세이로소바

4 天せいろ
텐세이로

5 鴨せいろ
카모세이로

6 ぶっかけそば
북카케소바

温かいそば 아타타카이소바

7 かけそば
카케소바

8 天ぷらそば
템푸라소바

9 とろろそば
토로로소바

10 鴨南蛮
카모남방

11 カレー南蛮
카레-남방

12 肉そば
니쿠소바

13 きつねそば
키츠네소바

14 たぬきそば
타누키소바

トッピング 토핑구

15 えび天
에비텡

16 とり天 ＊
토리텡

17 ごぼう天
고보-텡

18 かき揚げ
카키아게

19 半熟卵天
한쥬쿠타마고텡

20 野菜天
야사이텡

★ 가가와현 혹은 사누키우동집에서는 토리텡을 '카시와텡(かしわ天)'이라고 부르기도 합니다.

うどん 우동

6 カレーうどん 카레-우동
5 かけうどん 카케우동
4 ざるうどん* 자루우동
3 釜玉うどん 카마타마우동
2 釜揚げうどん 카마아게우동
1 ぶっかけうどん 북카케우동

10 味噌煮込みうどん 미소니코미우동
9 力うどん 치카라우동 おすすめ 오스스메
8 たぬきうどん 타누키우동
7 きつねうどん 키츠네우동

トッピング 토핑구

16 野菜天 야사이텡
15 半熟卵天 한쥬쿠타마고텡
14 かき揚げ 카키아게
13 ごぼう天 고보-텡
12 とり天 토리텡
11 えび天 에비텡

サイドメニュー 사이도 메뉴

19 カレー 카레-
18 天丼 텐동
17 カツ丼 카츠동

ミニ丼セット 미니동셋토 +350円
大盛り 오-모리 +100円

* 쟈루우동은 츠케우동(つけうどん)이라고도 합니다.

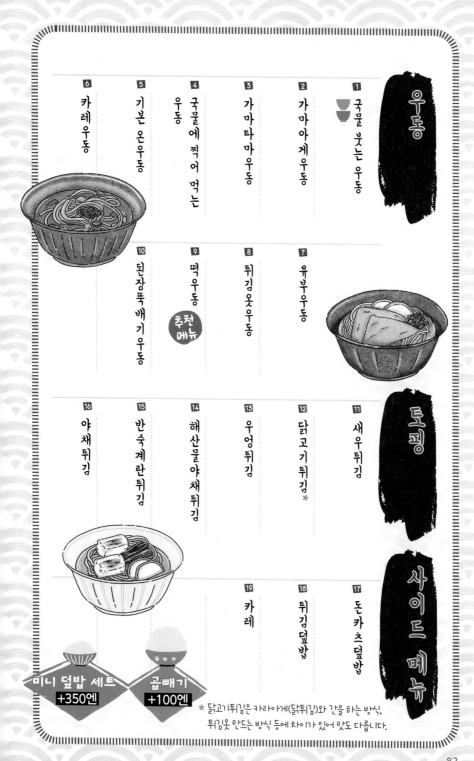

미니 덮밥 세트 +350엔

곱빼기 +100엔

* 닭고기튀김은 카라아게(닭튀김)와 간을 하는 방식, 튀김옷 만드는 방식 등에 차이가 있어 맛도 다릅니다.

ざるそば 자루소바

김을 얹은 판메밀국수

일본 소바(메밀국수)집에서 파는 가장 기본적인 냉소바입니다. 면과 국물이 따로 나와 면을 국물에 찍어 먹는 스타일이에요. 단순하고 순수한 소바 그 자체의 풍미를 느낄 수 있답니다. 참고로 일본어로 소쿠리를 '자루(ざる)'라고 하는데, 자루소바는 면이 자루(소쿠리)에 얹어 나와요.

天せいろ 텐세이로

튀김과 냉메밀국수 세트

텐자루소바(天ざるそば)라고도 하는 텐세이로는 세이로소바와 템푸라(天ぷら: 튀김)의 세트 메뉴입니다. 보통 면과 국물은 차갑게, 튀김은 따뜻하게 나와요. 튀김을 반찬 삼아 소바를 먹으면 된답니다.

ぶっかけそば 북카케소바

국물을 조금 부어 먹는 메밀국수

일본어로 '북카케(ぶっかけ)'란 '국물을 붓다'라는 의미로, 북카케소바는 소량의 국물을 부어 먹는 소바를 뜻합니다. 한국의 냉메밀국수와 비슷해 보이지만 북카케소바는 국물이 더 진하고 양이 적은 편이에요. 대부분의 북카케소바는 면에 국물을 부은 상태로 나오지만, 일부 식당에서는 국물이 따로 나와 손님이 스스로 부어 먹습니다.

せいろそば 세이로소바

냉메밀국수, 일본식 판메밀국수

세이로소바는 자루소바(혹은 모리소바)와 같은 음식입니다. 일본어로 '찜통'을 '세이로(せいろ)'라고 하는데, 예전에는 오직 메밀가루만으로 만들어 면이 쉽게 끊어진 탓에 삶지 않고 찜통에 쪄서 제공했었다고 합니다. 그때 사용했던 세이로(찜통)가 아직 일부 소바집 메뉴판에 쓰여 있는 것이죠. 이제는 적당히 밀가루도 섞어 면을 만드는 소바집이 늘어나 실제로 세이로로 쪄서 제공하는 가게는 보기 힘들답니다.

鴨せいろ 카모세이로

오리고기 냉메밀국수

세이로소바의 일종으로, 따뜻한 국물에 오리고기가 들어 있습니다. 따로 나오는 면은 따뜻하지 않아 메뉴판에서 냉소바로 분류되는 경우가 많아요. 참고로 면이 따뜻한 오리고기 국물에 들어 있는 상태로 나오는 온소바는 카모남방(鴨南蛮)이라고 합니다.

かけそば 카케소바

온(溫)메밀국수

메밀국수 위에 토핑이 거의 없으며, 있더라도 대파나 텡카스(天かす: 튀김 부스러기) 정도입니다. 소바집에서 가장 저렴한 메뉴로, 맛이 단순해서 소바 자체의 맛을 잘 느낄 수 있어요.

天ぷらそば 템푸라소바

튀김메밀국수

일본어로 '템푸라(天ぷら)'는 튀김의 총칭이지만, 소바집에서 '템푸라소바'라고 하면 새우 템푸라(튀김)을 얹은 소바를 뜻하는 경우가 많아요.

 とろろそば 토로로소바

간 마를 얹은 온(溫)메밀국수

일본어로 간 마를 '토로로(とろろ)'라고 부르며 일본에서는 마(산마)를 자주 갈아 먹는데, 주로 밥이나 소바에 얹어 먹어요. 북카케소바(냉메밀국수)에 토로로를 얹어 먹기도 합니다.

 肉そば 니쿠소바

돼지고기를 얹은 메밀국수

소바(메밀국수)가 보급된 에도 시대까지도 일본은 육식금지령 때문에 오리고기 등을 제외한 대부분의 고기를 요리에 쓰지 않았어요. 돼지고기를 얹은 니쿠소바는 최근 몇십 년 사이에 새롭게 만들어진 메뉴랍니다. 북카케소바(냉메밀국수)에 돼지고기를 얹어 먹기도 합니다.

 きつねそば/うどん 키츠네소바/우동

유부메밀국수/우동

일본식 유부인 아부라아게(油揚げ)를 얹은 소바와 우동으로, 일본어로 키츠네는 '여우'를 뜻합니다. 일본에서 여우는 사업의 번창을 부르는 동물이라 여겨지며, 여우가 아부라아게(일본식 유부)를 좋아한다는 얘기가 있어 '키츠네소바/우동'이라고 부르게 되었어요. 보통 따뜻하게 먹지만 차갑게 먹기도 하며 이때는 앞에 '히야시'를 붙여 말합니다.

 たぬきそば/うどん 타누키소바/우동

튀김 부스러기를 얹은 소바/우동

'타누키(たぬき)'란 내용물이 없다는 뜻의 일본어 타네누키(たねぬき)에서 온 말이라는 설이 있습니다. 또한 튀김 부스러기를 일본어로 '아게다마(揚げ玉)'라고도 해서 타누키 대신 '아게다마소바/우동'이라고 부르기도 한답니다. 주로 따뜻하게 먹지만 차갑게 먹기도 하며 이때는 앞에 '히야시'를 붙여 말합니다.

 ぶっかけうどん 북카케우동

국물을 조금 부어 먹는 우동

면과 국물이 따로 나와 스스로 부어 먹거나 주방에서 국물을 부어 나오기도 합니다. 원래는 면과 국물이 따로 나왔지만 국물에 찍어 먹는 것이 번거로워 국물을 면에 부어 먹게 된 것이라고 해요. 그래서 국물이 더 진하고 양이 적은 것이지요. 주로 시원하게 먹지만 따뜻한 국물을 부어 먹기도 합니다. 튀김이나 고기 등을 얹어 먹기도 해요.

釜揚げうどん 카마아게우동

가마아게우동

보통 우동 면은 삶은 후에 쫄깃한 식감을 위해 찬물에 헹구지만, 가마아게우동은 따뜻한 면수와 함께 그대로 나무통이나 그릇에 담고 국물은 따로 제공합니다. 그래서 식감이 일반적인 우동 면발보다 부드럽고 절묘한 찰기가 느껴지는 매력이 있어요. 주로 따뜻한 국물에 찍어 먹는데, 차가운 국물에 찍어 먹기도 합니다.

 釜玉うどん 카마타마우동

가마타마우동

가마아게우동에서 면수를 빼고 그 위에 날계란을 얹은 우동입니다. 잘게 자른 대파 등의 고명과 맛간장(出汁醤油: 다시쇼–유)을 적당히 넣어 비벼 먹습니다.

 ざるうどん 자루우동

국물에 찍어 먹는 우동

츠케우동(つけうどん)이라고도 하는 자루우동은 자루소바처럼 면과 국물이 따로 나와 국물에 찍어 먹는 우동입니다. 주로 간장 베이스의 국물이 나오는데, 고마다레(ゴマだれ, 참깨 드레싱)나 그린카레(태국카레) 등을 베이스로 한 색다른 국물의 자루우동도 있어요. 냉우동, 온우동 둘 다 있습니다.

 かけうどん 카케우동

온우동, 토핑이 없는 기본 우동

토핑이 있더라도 대파나 텡카스(튀김 부스러기) 정도로, 우동집에서 가장 저렴한 메뉴입니다. 온(温)북카케우동보다 국물 양이 많으며 '스우동(素うどん)'이라고 하기도 해요. 보통 '카케우동' 하면 대부분의 일본인이 온우동을 떠올리지만, 여름 메뉴로 히야카케우동(冷かけうどん)이라는 냉우동을 판매하는 가게도 있습니다.

 カレーうどん 카레-우동

카레우동

우동 국물에 카레 가루를 넣어 만들거나 우동 위에 카레를 얹어 만듭니다. 녹말 가루를 조금 넣어 걸쭉한 국물을 만들기도 합니다.

 力うどん 치카라우동

떡우동

일본 떡(餅, 모치)을 얹은 우동으로, 보통 구운 떡을 넣어 만듭니다. 일본어로 무거운 걸 쉽게 드는 힘이 센 사람을 '치카라모치(力もち)'라고 하는데, 치카라우동은 이 말에서 온 이름이라는 설이 있어요. 탄수화물(면)에 탄수화물(떡)을 얹은 음식이라서 먹으면 힘이 나기 때문에 특히 힘(체력)이 필요한 사람이 먹어야 한다는 의미가 담겨 있는 듯합니다.

味噌煮込みうどん 미소니코미우동

된장뚝배기우동

일본어로 '니코미(煮込み)'는 조림을 의미하며, 미소니코미우동은 면과 고기, 각종 채소를 된장 국물로 끓여낸 우동을 뜻합니다. 아이치현 나고야시의 향토 음식으로 유명하며, 나고야 특산물인 핫쵸-미소(八丁味噌, 색깔이 진한 콩된장)로 끓여 낸 국물은 깊은 감칠맛과 진한 맛이 특징이에요. 나고야 외의 지역에서는 된장 국물이 아니어도 '니코미우동(煮込みうどん)' 혹은 '나베야키우동(鍋燒きうどん, 뚝배기로 익힌 우동)'이라고 부르기도 합니다. 일식 중에서도 특히 뜨거운 이미지가 강한 음식이에요.

 二八・九割・十割そば 니하치/큐-와리/쥬-와리소바

메밀가루 80%/90%/100% 국수

한국의 메밀국수는 밀가루나 녹말가루를 넣어 면발을 탱탱하게 만드는 경우가 많지만, 일본의 소바(메밀국수)는 밀가루나 녹말가루를 되도록 적게 넣는 편이에요. 메밀가루의 비율이 높아지면 면발이 쉽게 끊어지지만 메밀의 맛이나 풍미를 더 잘 느낄 수 있습니다. 메밀가루와 밀가루를 8:2로 넣은 소바를 '니하치소바(二八そば)', 메밀가루와 밀가루를 9:1로 넣은 소바를 '큐-와리소바(九割そば)', 100% 메밀가루만 들어간 소바를 '쥬-와리소바(十割そば)'라고 불러요. 면발의 식감과 메밀 풍미의 균형이 중요하기 때문에 메밀가루 비율이 높을수록 꼭 좋다고는 할 수 없지만, 소바의 향이나 소바 자체의 맛을 중요시하는 사람들은 메밀가루의 비율이 높은 걸 선호하는 듯합니다. 가게의 간판이나 메뉴판에 메밀가루 비율이 적혀 있기도 하는데, 만약 적혀 있지 않다면 직원에게 물어보면 알려 줄 거예요.

 そば切り 소바키리

메밀 면

원래 소바는 메밀가루를 반죽해서 감자옹심이처럼 먹거나(소바가키), 메밀전병처럼 구워 먹었습니다. 에도 시대 중기(1600년대 중반 이후)에 소바를 면 모양으로 만들어 먹게 되었는데, '소바(메밀)'와 일본어로 면 모양으로 자른 것을 의미하는 '키리(切り)'를 합쳐서 '소바키리(そば切り)'라고 부르게 되었어요. 나중에는 소바를 면 형태로 먹는 것이 익숙해져 그냥 '소바'라고만 해도 메밀 면을 의미하게 되었지요. 하지만, 아직도 일부 소바집에서는 소바키리(そば切り)라고 부르는 경우가 있으니 알아 두면 일본 여행에서 도움이 될 것입니다.

讃岐うどん 사누키우동

가가와현 향토 우동

일본어로 '사누키'란 일본 시코쿠(四国) 지방에 위치하는 가가와현의 옛 지명입니다. 가가와현은 편의점보다 우동집이 많으며, 1인당 우동 소비량이 일본 전국 1위인 '우동 왕국'이에요. 가가와현 사람들이 자주 먹던 향토 우동이 오사카 엑스포(1970년)를 기점으로 많이 알려져 이제는 일본을 대표하는 우동으로 인정받게 되었답니다. 일본 3대 우동 중 하나로 불리는 사누키우동은 입에 넣은 순간 탱글탱글함이 느껴지고 씹으면 씹을수록 면의 탄력이 제대로 느껴지는 특유의 식감이 특징입니다. 이러한 식감을 내기 위해 발로 밟아 반죽하는 족타로 만드는 것이 전통적인 방법이었지만, 이제는 기계나 수타로 만드는 경우도 늘어났다고 합니다. 현재는 다른 지역에서도 사누키우동집을 많이 볼 수 있게 되었으며 한때 한국에 진출했던 체인점 '마루가메 제면'도 사누키우동 전문점이랍니다. 이해하기 어려울 수 있지만, '사누키우동'은 어디까지나 우동의 종류가 아닌 지명을 나타내는 말로, 사누키우동집에서 다양한 우동을 판매합니다.

 ## 五島うどん 고토-우동

나가사키현 향토 우동

사누키우동, 이나니와우동과 함께 일본 3대 우동 중 하나로 불리는 고토-우동은 규슈 지방 나가사키현 고토 열도의 향토 우동이에요. 면발이 조금 가늘고 탱글탱글한 식감이 강한 편이며 면에 동백기름을 발라 숙성시키는 것이 특징입니다.

 ## 稲庭うどん 이나니와우동

아키타현 향토 우동

일본의 3대 우동 중 하나로, 도호쿠(東北) 지방에 위치한 아키타현 이나니와 지구에서 유래된 우동이에요. 우동치고는 면이 가는 편이며, 매끄러운 식감이 특징입니다. 밀가루를 반죽하고 숙성하는 과정을 여러 번 반복한 뒤 건조시켜서 건면으로 만듭니다. 이 과정에서 공기가 빠져나가 특유의 매끄러운 식감이 난다고 합니다. 면을 국물에 찍어 먹는 것이 일반적이며 냉우동과 온우동 둘 다 먹습니다.

 ## 水沢うどん・ひもかわうどん 미즈사와우동/히모카와우동

군마현 향토 우동

미즈사와우동은 일본 간토(関東) 지방 군마현 미즈사와 지구의 향토 우동이에요. 면이 조금 가늘며 쫄깃한 식감을 가졌습니다. 면이 흰색을 띠고 군데군데 투명한 부분도 있으며 국물에 찍어 먹는 냉우동으로 파는 가게가 많습니다. 고토-우동 대신 미즈사와우동이 일본 3대 우동에 들어간다고 말하는 사람도 있어요. 히모카와우동은 군마현 기류시의 향토 우동입니다. 면이 아주 납작한 것이 특징이며 두께가 1mm 정도, 폭이 1.5~10cm 이상으로, 그 모양이 독특해 SNS에서 큰 인기를 얻어 한국에도 잘 알려졌습니다. 국물에 찍어 먹는 스타일이며 차갑게도 따뜻하게도 먹습니다.

博多うどん 하카타우동

후쿠오카현 향토 우동

후쿠오카현 하카타시의 향토 우동이며 면이
부드럽고 소화가 잘 되는 것이 특징이에요. 국
물은 가다랑어포나 다시마 외에 날치, 말린 정
어리, 말린 고등어 등을 함께 넣고 끓여 만듭
니다. 우동에 들어가는 규슈 지방의 간장은 다
른 지방의 간장보다 단맛이 강한 편이라서 국
물이 더 달게 느껴집니다. 굉장히 큰 우엉튀김
을 얹은 고보-텡우동(ごぼう天うどん)이 유명
해요.

 ## 板そば 이타소바

야마가타현 향토 메밀국수

일본 도호쿠(東北) 지방 야마가타현의 향토 소
바(메밀국수)입니다. 크고 옅은 나무판에 면이
담겨 나오는데 면이 굵고 색깔이 검은 것이 특
징이며 식감이 좋고 풍미도 강합니다. 이러한
면을 '시골풍 소바'라고 부르기도 한답니다.

 ## 信州そば・更科そば 신슈-소바/사라시나소바

나가노현 향토 우동

'신슈-'란 일본 주부 지방에 위치한 나가노현의 옛 지명이에요. 낮밤의 기온 차가 크고, 물이 깨끗해
메밀을 재배하기에 적당한 지역이라서 소바가 유명해졌습니다. 일본 전역에서 '신슈-소바'라는 간
판을 흔히 볼 수 있는데, 그건 나가노현산 메밀가루를 사용하는 가게라는 뜻이랍니다. 또한, 사라시
나소바(更科そば)라는 소바는 신슈-에 있는 '사라시나'라는 지명에서 유래된 소바이며, 메밀가루
를 낼 때 맨 처음에 나오는 하얀 가루를 사용하기 때문에 면이 하얀 것이 특징입니다. 풍미는 강하지
않지만 단맛이 느껴지며, 일본 각지의 소바집에서 볼 수 있는 메뉴입니다.

 ## わんこそば 왕코소바

이와테현 향토 메밀국수

따뜻한 소바 국물에 살짝 담가 먹는 한 입 크기의 면을 직원이 그릇에 넣어 주는데, 배불러서 못 먹
게 될 때까지 계속 반복하는 방식이에요. 식사를 끝내고 싶을 때는 그릇 뚜껑을 덮으면 됩니다. 가게
마다 면의 양은 약간씩 다르지만, 평균적으로 남성은 50~80회 리필(일반적인 소바 5~8인분), 여
성은 30~60회 리필(일반적인 소바 3~6인분)한다고 해요. 100번의 리필 기록을 세우면 기념품을
증정하는 가게도 있습니다. 대부분 이와테현 내에서만 팔아 다른 지방에서는 보기 힘든 것이 특징
이에요.

A 추천하는 토핑은 무엇인가요?
おすすめの トッピングは 何ですか？
오스스메노 톱핑그와 난데스카?

B 저희 매장은 새우튀김이 커서 추천합니다.
うちの 店は えび天が 大きくて おすすめです。
우치노 미세와 에비텡가 오-키쿠테 오스스메데스

A 여기 메밀국수는 메밀가루 비율이 80%인가요?
こちらの そばは 二八そばですか？
코치라노 소바와 니하치소바데스카?

B 아뇨, 메밀가루 100%입니다.
いいえ、十割そばです。
이-에, 쥬-와리소바데스

B 어떤 우동집을 찾으시나요?
どんな うどん屋を お探しですか？
돈나 우동야오 오사가시데스카?

A 면이 쫄깃한 사누키우동집을 알려 주세요.
コシが 強い 讃岐うどん屋を 教えて ください。
코시가 츠요이 사누키우동야오 오시에테 쿠다사이

B 입에 잘 맞으셨나요?
お口に 合いましたか？
오쿠치니 아이마시타카?

정말 맛있어서 국물까지 다 먹어 버릴 정도예요. **A**
すごく おいしくて つゆまで 全部 飲んでしまいました。
스고쿠 오이시쿠테 츠유마데 젬부 논데시마이마시타

A 냉소바와 튀김덮밥 1/2 크기의 세트를 주세요.
もりそばと 天丼 ハーフサイズの セットを ください。
모리소바토 텐동 하-후사이즈노 셋토오 쿠다사이

A 국물 부어 먹는 냉우동을 닭고기튀김 토핑으로 주세요.
冷たい ぶっかけうどんと、 トッピングで とり天を ください。
츠메타이 북카케우동토, 톱핑그데 토리텡오 쿠다사이

A 면수를 주세요.
蕎麦湯を ください。
소바유오 쿠다사이

일본 소바집에서는 식사의 마무리로 소바를 삶은 면수를 공짜로 줍니다. 색은 조금 하얗고 메밀의 고소한 향이 살짝 느껴집니다. 면수는 그대로 마셔도 되고 남은 츠유(국물)에 넣어 먹어도 된답니다.

일본의 소바집에서 사람들이 면을 큰 소리로 후루룩거리며 먹더라고요.
그렇게 먹는 것이 현지식인가요?

———

네, 면을 소리 내며 먹는 것이 일본 현지 방식입니다. 공기와 같이 면을 빨아들여 소바의 향
을 더 잘 느끼기 위해 후루룩거리며 먹습니다. 일본인은 소리가 날 만큼 세게 후루룩거리
며 먹어야 입에서 코로 향이 흘러 나간다고 생각해서 그래요. 일본인들은 소바를 소리 내
며 먹기 때문인지 우동이나 라멘과 같은 다른 면 요리도 약간 소리 내며 먹으며 그렇게 해
도 괜찮다고 생각하는 사람도 있어요. 면 요리라 하더라도 소바집이 아닌 다른 일식집에서
는 후루룩거리며 먹는 건 예의에 맞지 않으니 주의하세요.
여담이지만, 에도 시대에 보급된 일본의 전통 예능인 라쿠고(落語, 음악이나 무대 효과 없
이 몸짓과 입담만으로 극을 이끌어 가는 무대극)에서 소바를 후루룩거리며 먹는 모습을
잘 표현하는 걸로 유명해요. 혹시 기회가 있다면 한번 보는 걸 추천합니다.

일본에서 우동을 먹을 때 반찬이 아주 조금밖에 안 나오더라고요. 주변에
더 달라는 손님도 없었고요. 반찬 없이 먹는 게 불편했는데, 이게 일본에
서 일반적인가요?

———

네, 일본의 우동집에서는 보통 반찬(채소 절임이나 단무지)
이 조금밖에 안 나옵니다. 반찬을 전혀 안 주는 가게도 있고
요. 식사할 때 여러 반찬과 같이 먹는 한국인은 불편하겠지만,
일본에 간다면 이러한 식문화를 이해하는 것이 좋겠습니다.
일본인들은 반찬을 많이 먹지 않고 우동은 우동만, 돈부리(덮
밥)는 돈부리만 먹는 걸 당연하게 여기기 때문에 반찬을 더 달라고 하
지도 않아요. 물론 반찬을 더 달라고 직원에게 물어봐도 괜찮습니다. 직원이 다소 당황할
수도 있지만, 외국인 손님이니까 이해할 거예요. 반찬을 리필한다면 추가로 요금이 발생할
수도 있지만 그건 양해해 주셨으면 좋겠어요.

메밀국수를 일본어로 소바라고 한다고 배웠는데, 최근 한국에도 파는 마제소바를 먹어 보니 메밀국수가 아니고 밀가루 면을 사용하는 것 같아요. 소바는 메밀 면 아닌가요?

소바는 일본어로 메밀국수를 가리키는 말이지만, 가끔 메밀국수가 아닌 면 요리의 통칭으로도 써요. 메밀가루를 사용하지 않았는데도 '소바(そば)'라는 이름을 쓰는 음식으로는 마제소바(まぜそば), 아부라소바(油そば), 츄-카소바(中華そば, 중국집이나 쇼유라멘집에서 쓰는 라멘의 별칭), 소-키소바(ソーキそば, 오키나와 향토 국수), 오키나와소바(沖縄そば, 소-키소바의 별칭), 야키소바(焼きそば, 볶음면) 등이 있어요. 일본의 식품위생법에 따르면 메밀을 사용하지 않은 음식을 한자로 소바(蕎麦)라고 쓰면 안 되기 때문에 메밀을 사용하지 않은 면 요리에는 히라가나로 「そば(소바)」 혹은 가타카나로 「ソバ(소바)」라고 적혀 있을 거예요. 참고로 일본인들이 '우리 소바 먹으러 갈래?'라고 하면 그건 한국인이 알고 있는 메밀국수를 의미하는 경우가 대부분이에요. 또, 전통적인 일본 메밀국수라는 의미를 강조하기 위해 '니혼소바(日本そば)'라고 부르기도 합니다.

일본 메밀국수집 식탁에 고추냉이와 고춧가루가 놓여 있던데, 메밀국수에 넣어 먹는 건가요?

네, 고추냉이나 고춧가루는 냉메밀국수 국물에 풀어 먹는 용입니다. 고춧가루는 온(溫)메밀국수에 뿌려 먹어도 괜찮지만, 이때 조심해야 하는 점은 소바(메밀국수)집을 비롯한 많은 일식당에 있는 고춧가루는 '시치미토-가라시(七味唐辛子)'라고 부르는 고춧가루 외에 초피나무 열매, 진피, 포피 씨 등 총 일곱 개의 향신료가 들어 있는 조미료라는 점입니다. 일반 고춧가루보다 맵지 않아서인지 일본인의 5~10배나 많이 넣어 먹는 한국인 손님도 봤는데, 약간 독특한 맛이 나서 많이 넣으면 먹기 힘들어질 수도 있어요. 조금 넣어 맛보고 양을 조절하는 걸 추천합니다. 또한 소바집의 고추냉이나 시치미토-가라시는 어디까지나 소바의 맛을 더 살리는 고명이자 보조적 역할을 하는 조미료로, 만약 너무 많이 넣는다면 맛을 해칠 수도 있기 때문에 적당한 양을 넣어야 합니다.

PART 4 라멘집에서

라멘은 원래 대표적인 서민 음식이었지만, 그 종류가 다양해지고 재료가 고급화되며 이제는 일본을 대표하는 하나의 요리가 되었다고 해도 과언이 아닙니다. 요즘은 한국에도 일본식 라멘집이 많이 생겨 익숙하겠지만 막상 일본 라멘집에서 주문하려 하니 이름과 주문 방법이 복잡해 당황스러우셨을 거예요. 여기서 모든 걸 알기 쉽게 풀어서 설명하겠습니다.

더 즐거운 미식 여행을 위한
나만의 라멘 만들기

한국에서 일본식 라멘을 즐겨 먹던 사람에게 '막상 일본에서 라멘을 먹어 보니 라멘의 감칠맛을 다 가릴 정도로 너무 짜서 놀랐어요'라는 말을 참 많이 들었습니다. 일본 음식은 한국인이 생각하는 것 보다 전체적으로 맛이 강한데, 특히 라멘이나 국물 요리는 짠 편이에요. 만약 일본 음식은 순하고 건강한 맛이 날거라 생각했다면 먹어 보고 생각과 달라 크게 놀랄 수 있어요. 한국인이 일본 여행을 가서 라멘 국물이 너무 짜서 어쩔 수 없이 물을 부어 먹었다는 이야기를한 두 번 들은 것이 아닐 정도로 그런 분들이 많습니다.

예로부터 일본은 고춧가루 등 매운 조미료를 거의 쓰지 않는 대신 소금을 많이 썼어요. 음식을 짜게 먹어 체온을 유지하거나 소량의 반찬만으로도 밥을 많이 먹을 수 있도록 반찬을 짜게 만들던 시기가 있었기 때문에 음식 맛이 강한 것이랍니다. 한식의 국물 요리 중에는 스스로 소금을 넣어 간을 조절할 수 있는 음식도 있는 반면, 일식은 처음부터 정해진 간대로 먹기 때문에 한국인의 입맛에 안 맞아 당황할 수 밖에 없는 듯합니다. 반대로 일본인이 한국에서 설렁탕이나 삼계탕 등을 먹을 때는 맛이 너무 싱거워서 어떻게 해야 할지 몰라 당황하기도 해요.

일본의 라멘집에서는 주문할 때 미리 국물의 농도나 면의 익힘 정도를 조절할 수도 있어요. 하지만, 그 방법은 라멘의 종류마다 다 다르고 복잡합니다. 예를 들어 이에케라멘(돈코츠쇼유라멘)집에서는 국물의 농도, 조미유의 양, 면의 익힘 정도를 선택할 수 있지만, 돈코츠(돼지 뼈 육수)라멘집에는 일반적으로 면의 익힘 정도만 선택할 수 있어요. 쇼유(간장)라멘, 시오(소금)라멘, 미소(된장)라멘은 기본적으로 맛을 조절하지 않고 먹기 때문에 메뉴 자체가 '콧테리(진한 맛)라멘/앗사리(담백한 맛)라멘'으로 나뉘어져 있곤 합니다. 그렇기 때문에 한국인 관광객에게 인기가 많은 돈코츠라멘집 '이치란'처럼 주문 용지에서 국물의 농도, 조미유의 양, 맵기(고추 양념의 양), 면의 익힘 정도, 토핑을 세세히 선택할 수 있는 시스템은 아주 특이한 것이랍니다.

가혹 맛을 조절해서 주문하는 것이 일반적이지 않은 라멘집에서도 직원에게 부탁하면 맞춰 주기도 합니다. 물론 그렇게 하기 위해서는 일본어로 어떻게 주문하는지 그 방법을 배우는 게 중요하겠지요. 라멘의 토핑이나 각종 조미료까지 잘 파악해서 '나만의 라멘'을 만들 수 있다면, 한 단계 높은 차원의 맛과 재미를 느낄 수 있을 거예요.

나만의 라멘 만들기
먼저 면의 양부터 선택해 봅시다. 라멘을 주문할 때는 보통, 곱빼기 등 원하는 양을 고를 수 있습니다.

보통, 일반	중	곱빼기	특대, 특곱빼기
普通盛り	**中盛り**	**大盛り**	**特盛り**
후츠-모리	츄-모리	오-모리	토쿠모리

가게마다 면의 양은 조금씩 다르지만, 일반적으로 후츠-모리(보통)는 120~160g, 츄-모리(중)는 160~200g, 오-모리(곱빼기)는 200~250g, 토쿠모리(특곱빼기)는 300g 이상이에요. 츠케멘(찍어 먹는 라멘)은 면의 양이 다른 라멘보다 50g 정도 많습니다. 그래서 후츠-모리(보통)가 충분히 양이 많아 굳이 츄-모리(중) 이상을 선택하지 않아도 될 거예요. 참고로 일본 사람들은 어렸을 때부터 라멘을 자주 먹어 왔기 때문인지 면의 양이 몇 그램인지 보고 대충 본인이 먹을 수 있는 양을 파악할 수 있답니다. 일본에서는 음식을 남기는 것은 만든 사람에 대한 예의가 아니라고 생각하는 사람이 많아서인지 주문할 때 양을 조절할 수 있는 가게가 많습니다. 일식은 의외로 양이 많아서 양이 적다는 한국인의 인식 때문에 많이 시키면 다 못 먹는 경우가 꽤 있어 주의가 필요합니다. 일반적으로 츄-모리(중)와 오-모리(곱빼기) 이상은 100~300엔 정도 추가 요금이 있는데, 후츠-모리(보통)에서 오-모리(곱빼기)까지 추가 요금 없이 먹을 수 있는 가게도 있긴 해요.

취향에 맞게 국물의 맛도 조절할 수 있습니다. 이에케(돈코츠쇼유)라멘집에서는 식권을 구매하고 직원에게 건넬 때 국물의 맛과 면의 익힘 정도, 조미유의 양을 미리 말하는 것이 일반적입니다. 맛을 조절하지 않아도 된다면 그냥 '후츠-(기본)'라고 말하면 된답니다. 하지만, 이에케-라멘은 한국인 입맛에는 너무 짜게 느껴질 수도 있으니 그 맛에 익숙하지 않는 사람은 처음부터 '우스메데 오네가이시마스(덜 짜게 해 주세요)'라고 주문하는 것이 좋아요. 이에케-라멘집 말고는 라멘을 원하는 대로 주문하는 시스템이 꼭 있는 건 아니지만, 만약 먹다가 국물 맛이 너무 짜거나 싱거워서 입에 안 맞는다면 직원에게 조절해 달라고 부탁하면 됩니다. 너무 짜다고 물을 부어 먹는 것보다는 직원에게 덜 짜게 해 달라고 부탁하는 것이 라멘을 훨씬 맛있게 먹을 수 있는 방법이에요. 또한 손님이 라멘에 물을 부어 먹는 건 예의 없어 보일 수 있을 수도 있으니 주의가 필요합니다. 먹는 중간에 맛을 조절해 달라고 부탁한다면, 짜지 않은 육수를 넣어 주거나 양념을 진하게 넣은 국물을 추가해 줄 거예요.

원하는 라멘 육수 맛 정하기

1. 普通 · ふつう[후츠-]: 보통, 기본
2. 薄め · うすめ[우스메]: 연하게(덜 짜게)
3. 濃いめ · こいめ[코이메]: 진하게(짜게)
4. 油少なめ[아부라스쿠나메]: 조미유의 양을 적게
5. 油多め[아부라오-메]: 조미유의 양을 많이
6. こってり[콧테리]: 진한 맛, 약간 느끼하고 무거운 맛
7. あっさり[앗사리]: 담백한 맛

보통 라멘집에서는 국물이 잘 스미거나 좋은 식감을 느낄 수 있는 면과 국물의 궁합을 고려해서 잘 어울리는 면을 정합니다. **돈코츠**(돼지 뼈 육수)라멘은 가는 스토레-토멘(일자형 면), 이에케(돈코츠쇼-유)라멘은 후토멘(굵은 면), 홋카이도의 미소(된장)라멘은 치지레멘(꼬불꼬불한 면), 츠케멘은 우동만큼 굵은 후토멘으로 만들어요. 하지만, 어떤 라멘집에서는 정해진 것과 상관 없이 원하는 대로 고를 수 있는 경우도 있어요.

1. 太麺[후토멩]: 굵은 면
2. 細麺[호소멩]: 가는 면
3. ストレート麺[스토레-토멩]: 일자형 면
4. ちぢれ麺[치지레멩]: 꼬불꼬불한 면
5. 普通 ・ふつう[후츠-]: 보통, 적당히 익음
6. 柔らかめ・やわらかめ[야와라카메]: 푹 익어 부드러움
7. 固め・かため[카타메]: 약간 덜 익혀 단단함이 느껴질 정도

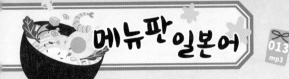

メニュー板 일본어

013
mp3

大盛り 오-모리
+100円

替え玉 카에다마
+200円

✳ ラーメン 라-멩

1 醤油ラーメン
쇼-유라-멩

人気 닝키
NO.1

2 塩ラーメン
시오라-멩

3 味噌ラーメン
미소라-멩

4 豚骨ラーメン
톤코츠라-멩

5 家系ラーメン
이에케-라-멩

6 担々麺
탄탐멩

7 冷やし中華
히야시츄-카

8 つけ麺
츠케멩

9 まぜそば
마제소바

10 油そば
아부라소바

🍁 サイドメニュー 사이도메뉴-

11 餃子* 교-자
12 ライス・ごはん 라이스/고항
13 チャーハン 차-항

라멘

곱빼기
+100엔

면 리필
+200엔

1. 간장라멘
2. 소금라멘
3. 된장라멘
4. 돼지뼈육수라멘
5. 간장과 돼지뼈육수로
   맛을 낸 라멘

6. 탄탄면
7. 중화냉면
8. 국물에 찍어 먹는 라멘
9. 일본식 비빔면
10. 기름양념면

사이드 메뉴

11. 군만두
12. 공깃밥
13. 볶음밥

トッピング 톱핑그

1 チャーシュー・角煮
차-슈- / 카쿠니

2 半熟玉子(卵)*
한쥬쿠타마고

3 ネギ・ねぎ*
네기

4 モヤシ・もやし
모야시

5 メンマ・めんま
멤마

6 わんたん・雲呑
완탕

7 のり・海苔
노리

8 ほうれん草
호-렌소-

9 コーン
코-옹

10 バター
바타-

11 全部のせ
젬부노세

> *간장 양념에 재운 반숙 계란을 아지타마(味玉)라고 불러요. 참고로 '아지타마'는 아지츠케타마고(味付け玉子)의 줄임말이랍니다.
>
> *토핑으로 얹는 파는 주로 잘게 자른 대파를 의미합니다.

토핑

1 돼지고기수육양념조림/삼겹살간장조림

2 반숙 계란

3 파

4 숙주나물

5 죽순절임

6 중국식 완탕*

7 김

8 시금치

9 옥수수(스위트콘)*

10 버터*

11 모든 토핑 추가

* 완탕은 만두피 안에 다진 고기나 새우 등을 넣어 만든 중국식 만두의 일종으로, 만두보다 작고 피가 얇습니다. 일본에서는 간장라멘에 자주 얹어 먹어요.

* 옥수수와 버터는 된장 국물과 잘 어울려 미소(된장)라멘집에서 흔히 볼 수 있어요.

* 군만두는 라멘집에서 흔히 볼 수 있는 사이드 메뉴 중 하나로, 간장에 식초와 라유(고추기름)를 섞은 소스를 만들어 찍어 먹습니다.

 醬油・塩・味噌ラーメン 쇼-유/시오/미소라-멩

간장/소금/된장라멘

특정 라멘만 파는 식당이 아니라면 이 세 가지 맛을 기본 메뉴로 파는 라멘집이 많으며 컵라면, 봉지 라면 등 인스턴트 라면도 세 가지 맛이 기본입니다. 쇼-유(간장)라멘은 제일 기본적인 라멘으로, 일 본인이 '라멘' 하면 가장 먼저 떠올리는 라멘이에요. 시오(소금)라멘은 소금을 기본으로 하며 해산 물이나 유자 등 순한 재료의 맛을 돋보이게 하는 형태가 많습니다. 미소(된장)라멘은 일본 각지의 된 장을 기본으로 국물을 만듭니다. 일본 사람들은 미소시루(일본식 된장국)에 익숙하기 때문에 미소 라멘 역시 친숙하게 생각해요. 미소(된장)라멘 중에서는 홋카이도의 미소라멘이 가장 유명한데, 겨 울이 추운 홋카이도에서는 국물이 쉽게 식지 않도록 국물을 라드(돼지기름)로 덮어서 만듭니다.

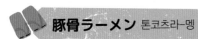 **豚骨ラーメン** 톤코츠라-멩

돼지뼈육수라멘

돼지 뼈를 푹 끓여 하얗게 기름이 뜬 국물에 일자형 면을 넣은 라멘입니다. 차-슈-(チャーシュー, 돼지고기수육양념조림), 반숙 계란, 김과 같은 일반적인 라멘 토핑 외에 베니쇼-가(초생강), 키쿠라 게(목이버섯), 타카나(일본식 갓김치)를 얹어 만듭니다. 한국의 돼지국밥이나 순대국밥과 국물 맛이 비슷해서 그런지 한국인들이 선호하며, 한국에서도 흔하게 파는 일본 라멘입니다. 일본의 라멘은 톤코츠(돼지 뼈 육수)라멘을 뜻한다고 생각하는 한국인의 인식과는 달리 톤코츠라멘은 어디까지나 규슈 지방의 향토 라멘이에요. 한국인이 밀면 하면 부산을 떠올리는 것처럼 일본에서도 톤코츠라 멘은 지역 음식이라는 인식이 있답니다.

 家系ラーメン 이에케-라-멩

돼지 뼈 육수와 간장으로 맛을 낸 라멘

짜고 중독성 있는 국물, 굵은 면발, 시금치, 김, 차-슈-(チャーシュー, 돼지고기수육양념조림) 등의 토핑이 특징인 이에케-라멩은 '톤코츠쇼-유라멘'이라고 부르기도 해요. 한번 빠지면 헤어나오기 힘들 만큼 중독성이 강해 일본선 인기가 많아요. 1974년 요코하마의 '요시무라야(吉村家)'라는 가게에서 처음 만들어졌습니다. 라멘집 이름에 「家」라는 한자를 넣는 경우가 많았는데, 「家」는 일 본어로 '카, 케, 야' 등으로 읽지만 '이에'라고도 읽기 때문에 여기서 파는 라멘을 '이에케-라멩'이라 고 부르게 되었어요. 이에케-라멩은 매우 짜서 한국인의 입맛에 안 맞을 수도 있으니 미리 간을 조 절하는 등 주의가 필요합니다.

担々麺 탄탐멩

탄탄면

중국 쓰촨성에서 온 매콤한 라멘입니다. 중국 쓰촨성의 탄탄면은 보통 국물이 없지만, 일본에서는 국물이 있는 스타일도 있어요. 일본의 국물이 있는 탄탄면은 라유(고추기름)와 참깨장을 베이스로 하고 면 위에 다진 고기나 청경채, 잘게 썬 파를 얹어 만듭니다. 중국 향신료가 들어 있어 먹으면 혀가 마비되는 느낌이 들 정도예요. 자극적인 맛을 좋아하더라도 먹기 불편할 수도 있으니 혹시 걱정된다면 화자오를 적게 넣어 달라고 부탁하는 편이 좋아요. 참고로 한국에서 파는 탄탄면은 일본식 탄탄면을 한국인의 입맛에 맞게 바꾼 것이라 맛이 조금 다릅니다.

 冷やし中華 히야시츄-카

일본식 중화냉면

밀가루 면을 삶고 찬물에 헹군 쫄깃한 식감의 면발로 만듭니다. 간장과 식초로 맛을 낸 새콤한 국물이 기본인데, 참깨맛 국물도 있어요. 국물을 자작하게 담고 차-슈-(돼지고기수육양념조림), 햄, 달걀지단, 오이, 토마토 등을 얹어 만듭니다. 마요네즈에 찍어 먹는 사람도 있어요. 일본에서는 매년 여름이 오면 중국집이나 라멘집에 「冷やし中華 始めました(중화냉면 개시했습니다)」라는 간판이 붙습니다. 일본인들은 그 간판을 보고 '아, 여름이 왔구나' 하고 실감하는 것이지요. 마치 한국의 콩국수와 비슷한 느낌이에요.

 つけ麺 츠케멩

국물에 찍어 먹는 라멘

일본어로 츠케루(つける)는 '찍다', 멩(麺)은 '면'이라는 뜻으로, 츠케멩은 국물에 찍어 먹는 라멘이라는 뜻입니다. 도쿄 이케부쿠로의 '다이쇼켄(大勝軒)'의 직원이 손님에게 팔고 남은 면을 소바(메밀국수)처럼 국물에 찍어서 먹던 것을 본 한 손님이 관심을 보여 팔게 된 것이 그 시작이라고 해요. 국물이 진해 일반적인 라멘보다 더 짜기 때문에 국물에 살짝만 찍어서 먹는 게 좋아요. 한번에 면을 국물에 다 넣어 먹거나 면에 국물을 아예 부어 먹으면 면의 수분이 국물에 더해져 맛이 싱거워지므로 맛있게 먹을 수 없어요. 조금씩 찍어 먹는 방법이 다소 귀찮게 느껴질지라도 한입씩 국물에 찍어서 먹는 게 좋은 이유랍니다.

まぜそば 마제소바

일본식 비빔면

일본어로 마제루(まぜる)는 '비비다', 소바(そば)는 '면 요리'라는 뜻입니다. 마제소바는 국물이 없는 라멘의 일종으로, 민치(간장 양념으로 버무린 다진 고기), 계란 노른자, 부추, 대파, 김을 얹어 만듭니다. 일본 나고야에 있는 '멘야 하나비'라는 가게에서 2008년 개발되었습니다. 나고야는 원래 대만식 중국집이 많은 지역으로, 멘야 하나비는 대만풍 라멘을 만들기 위해 고추나 마늘을 넣은 라멘을 만들려고 했지만, 국물이 없는 스타일이 의외로 맛있어서 메뉴로 넣었다고 해요. 일본에서는 '대만 마제소바'라는 이름으로도 알려져 있지만, 이 음식은 어디까지나 일본인이 대만의 맛을 상상해서 만든 것일 뿐 실제로 대만에는 이런 음식이 없답니다.

 ## 油そば 아부라소바

기름양념면

일본어로 아부라(油)는 '기름', 소바(そば)는 '면 요리'라는 뜻으로, 한국어로 직역하자면 기름국수라는 뜻입니다. 이름만 들으면 너무 기름진 요리가 아닌가 싶겠지만, 가게마다 맛은 다양해 꼭 기름지고 무거운 맛만 있는 것은 아니랍니다. 아부라소바에는 국물 대신 라드(돼지기름)와 간장 베이스의 양념이 그릇 아래쪽에 깔려 있어요. 일본에서는 흔치 않은 비벼 먹는 라멘의 일종입니다. 먹다가 취향에 맞게 라유(고추기름)나 식초를 넣어서 먹는 사람이 많습니다. 아부라소바의 원조집은 도쿄의 서쪽 지역인 무사시노시(武蔵野市)에 있는 '친친테이(珍珍亭)'입니다. 무사시노시는 대학교가 많은 지역이라 근처 대학생들을 생각해 젊은이들에게 인기 있는 정크 푸드 느낌의 아부라소바를 개발한 것이지요. 이제는 아부라소바가 전국적으로 유명해져 일본 곳곳에 전문점이 생겼습니다.

 ## 全部のせ 젬부노세

모든 토핑 추가

차슈, 반숙 계란, 김, 파 등 라멘집에서 판매하는 대부분의 토핑을 골고루 얹는 것을 뜻해요. 토핑을 하나씩 골라 얹는 것 보다 저렴한 경우도 있어요. 라멘을 푸짐하게 먹고 싶거나 가리는 음식이 없는 분들께 추천합니다.

 ## チャーハン 차-항

볶음밥

일본인은 면 요리를 반찬 삼아 밥과 같이 먹는 걸 선호합니다. 한국 사람들처럼 밥을 마무리로 먹는 것이 아니라 그냥 진한 라멘 국물과 밥을 같이 먹곤 하는 것이지요. 그래서 일본의 라멘집에서는 '라멘과 밥 세트', '라멘과 차-항 세트'를 판매하곤 합니다.

味変 아지헹

식사 중간에 조미료로 맛 조절하기

라멘(특히 이에케라멘, 마제소바, 아부라소바)을 먹는 중간에 후추(胡椒: 코쇼-)나 식초(酢: 스), 고추기름(ラー油: 라-유) 등의 조미료를 넣어 맛을 바꾼다는 뜻입니다. 처음부터 끝까지 같은 맛이면 질릴 수도 있으니 먹다가 면을 3분의 1 정도 남기고 취향에 맞게 식탁에 놓여 있는 조미료를 넣어 맛을 바꾸는 것이지요. 한국의 비빔밥처럼 처음부터 고추장을 넣고 비벼 균일한 맛을 만드는 것과는 다른 모습입니다. 처음부터 맛이 강한 조미료를 넣으면 본래의 맛을 모르게 되기 때문에 일단은 본래의 맛을 즐긴 후에 맛을 바꾸는 것이지요. 일본 사람들은 본래의 맛을 느끼지 않고 처음부터 각종 조미료를 넣어 먹는 것은 요리를 만들어 준 사람에게 예의가 아니라고 생각하기도 해요. 만약 도전해 보고 싶다면 음식 본연의 맛을 충분히 즐긴 다음에 하는 걸 추천합니다.

替え玉 카에다마

면 리필

주로 돈코츠라멘집에서 가능한 것으로, 먹는 중간에 100~200엔 정도의 현금을 내고 한 번 리필을 부탁할 수 있습니다. 요청할 때 면을 얼마나 익힐지 말해야 하는데 '후츠-(보통)'는 1분, '카타메(딱딱하게)'는 30초 정도 걸립니다. 보통 국물은 리필할 수 없기 때문에 면을 추가하고 싶다면 국물을 남겨 둬야 합니다. 일본 사람 중에는 리필을 4~5번이나 하는 사람도 있답니다. 면을 너무 여러 번 추가하면 국물이 식어 싱거워지니 적당히 하는 편이 좋아요.

ばりかた・はりがね・こなおとし 바리카타/하리가네/코나오토시

면을 덜 익혀 단단함이 느껴지는 정도

'바리카타'의 '바리'는 톤코츠(돼지 뼈 육수)라멘의 본고장인 후쿠오카가 있는 규슈 지방의 사투리로 '매우, 너무'라는 뜻으로, 바리카타는 '매우 딱딱하게, 매우 단단하게'라는 뜻이지요. '하리가네'는 일본어로 '철사'라는 뜻이며, '코나오토시'는 생면에 붙어 있는 가루(코나)가 살짝 떨어지는(오토시) 정도, 즉 거의 생면 상태를 가리키는 말입니다. 단단한 정도는 카타메〉바리카타〉하리가네〉코나오토시 순입니다. 대부분의 돈코츠라멘집에서는 주문할 때 직원이 면의 익힘 정도를 확인하는데, 이때 현지인들은 딱딱한 면을 많이 시켜요. 하지만 처음엔 무난하게 '후츠-(보통)'부터 도전하는 것이 좋습니다.

B 국물 맛은 어떻게 하시겠습니까?
スープの 味は どうしますか？
스-푸노 아지와 도-시마스카?

기본으로 해 주세요. **A**
普通で お願いします。
후츠-데 오네가이시마스

B 면의 익힘 정도는 어떻게 하시겠어요?
麺の かたさは どうしますか？
멘노 카타사와 도-시마스카?

부드럽게 해 주세요. **A**
柔らかめで お願いします。
야와라카메데 오네가이시마스

🌀 덜 익혀 약간 딱딱한 면을 원한다면 '카타메데 오네가이시마스'라고 말합니다.

B 국물 맛과 면의 익힘 정도는 어떻게 해 드릴까요?
スープ、 麺の お好みは ございますか？
스-푸, 멘노 오코노미와 고자이마스카?

(면발은) 딱딱하고 (국물 맛은) 진하며 (조미유는) 적게 해 주세요. **A**
固め、濃いめ、少なめで お願いします。
카타메, 코이메, 스쿠나메데 오네가이시마스

🌀 이에케-라멘집에서는 주문할 때 면 익힘 정도, 국물의 맛, 조미유의 양을 순서대로 말하는 것이 일반적이기 때문에 이렇게 한번에 말하는 사람들이 많아요. 일부의 손님들은 줄여서 '카타 코이 스크'라고 말하기도 합니다.

A 덜 짜게 해 주세요.
味を 薄く して ください。
아지오 우스쿠 시테 쿠다사이

A 맛을 진하게 해 주세요.
味を 濃く して ください。
아지오 코쿠 시테 쿠다사이

A 조미유를 적게 넣어 주세요.
油 少なめで お願いします。
아부라 스쿠나메데 오네가이시마스

A 조미유를 많이 넣어 주세요.
油 多めで お願いします。
아부라 오-메데 오네가이시마스

A 면을 리필해 주세요.
替え玉 お願いします。
카에다마 오네가이시마스

주로 돈코츠라멘집에서 쓰는 표현이지만 가끔 다른
라멘집에서도 쓸 수 있어요. 메뉴판에 '카에다마
(替え玉)'라고 쓰여 있는지 확인해 보세요.

B 다 드시고 (라멘) 그릇을 카운터 위에 올려 주시겠어요?
お食事後、どんぶりを カウンターの 上に 上げて いただけますか?
오쇼쿠지고, 돔부리오 카운타-노 우에니 아게테 이타다케마스카?

일본 라멘집에서는 다 먹은 후, 손님이 '고치소-사마데시타(잘 먹었습니다)'라고 말하며 카운터석 위에 라멘
그릇을 올리고 가는 걸 일종의 매너로 생각합니다.

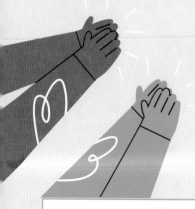

나만의 일본여행 Q&A

일본 라멘은 국물까지 다 먹는 것이 예의에 맞는 건가요?

꼭 국물까지 다 마시지 않아도 됩니다. 라멘의 국물은 기름지고 염분이 많으니 건강을 생각하면 남기는 게 좋을 테지요. 그런데 일본에는 '국물까지 전부 다 먹는 것이 만들어 준 사람에게 감사의 마음을 전하는 방법이다'라는 인식도 있는 듯합니다. 그래서인지 라멘 국물까지 전부 다 먹고 SNS에 인증샷을 올리는 사람도 있긴 합니다. 실은 저도 그렇답니다. 참고로, 국물을 다 먹고 나면 라멘 그릇 바닥에 일본어로 「感謝(감사)」나 「ありがとう(고맙다)」 등의 인사말이 적혀 있는 경우도 있습니다. 이건 라멘집에서 국물까지 다 먹어 준 손님에게 감사를 표하는 방법 중 하나인데, 손님 입장에서도 그걸 보면 기쁜 마음이 들지요.

각 지역을 대표하는 라멘에는 어떤 것이 있는지 알고 싶어요.

홋카이도 삿포로의 미소(된장)라멘, 요코하마의 이에케-라멘, 후쿠오카의 하카타 톤코츠(돼지 뼈)라멘이 대표적인 향토 라멘입니다. 참고로 지역을 기준으로 일본의 3대 라멘을 꼽는다면 삿포로 라멘, 하카타 라멘, 키타키디 리멘(쇼-유라멘)이랍니다. 그 외에 제가 개인적으로 좋아하는 라멘은 일본 도치기현 사노시의 사노 라멘(간장 맛), 와카야마현의 와카야마 라멘(돈코츠쇼-유 맛) 그리고 구마모토현의 구마모토 라멘('마유'라고 불리는 마늘 기름을 넣은 톤코츠 맛)입니다. 같은 '쇼-유(간장)라멘'이라고 해도 각 지방마다 맛이 다르고 위에 올라가는 토핑 등이 상당히 다르기 때문에 일부러 찾아가서 먹어 볼 만할 거예요.

츠케멘을 먹다가 국물이 싱거워져서 국물을 더 달라고 부탁했더니 약간 당황스러운 표정으로 가져다주시더라고요. 제가 잘못한 건가요?

츠케멘은 처음 나온 대로 먹는 것이 일반적인 방법이에요. 적어도 저는 츠케멘집에서 국물을 추가하는 일본인을 본 적이 없습니다. 만약 국물을 더 달라고 부탁한다면 추가 요금을 받는 가게도 있을 수 있어요. 앞서 제가 츠케멘을 맛있게 먹는 팁으로 국물에 푹 찍지 않고 조금씩 찍어 먹는 방법을 알려 드렸는데요, 국물이 싱거워지더라도 이 방법대로 국물을 추가하지 않고 끝까지 맛있게 먹을 수 있도록 국물의 농도를 계산하면서 먹는 편이 좋겠습니다. 또, 츠케멘집에는 '와리스-프(割りスープ)'라는 따뜻한 맛국물을 주기도 하는데 면을 먹은 후 남은 국물에 와리스-프(맛국물)를 넣어 국물을 다 마시기 위해서입니다. 이건 소바집에 있는 '소바유(면수)'와 비슷한 것으로, 소바집에서도 남은 국물에 소바유(면수)를 넣어 먹긴 해요. 다만, 소바유와 다른 점은 소바유는 그냥 마셔도 맛있고 영양도 풍부해서 소바유만을 마셔도 괜찮지만, 츠케멘집의 와리스-프는 그대로 마시면 안 된다는 점입니다.

식권을 구매하는 라멘집에서 대기 줄이 있는 경우, 언제 식권을 구매해야 하나요?

그건 가게마다 다릅니다. 가장 흔한 방법은 줄을 서다가 내 차례가 다가오면 식권을 구매하는 방법입니다. 효율적인 가게 운영을 위해 미리 주문을 넣는 것이지요. 하지만 이 경우에도 직원이 말하면 식권을 구매하는 건지 본인이 알아서 하는 건지는 가게마다 달라요. 아주 가끔 먼저 식권을 구매하고 나서 줄을 서는 가게도 있습니다. 결론적으로는 앞에 서 있는 손님들의 행동을 잘 보고 따라 할 수 밖에 없습니다. 친절한 가게는 식권 구매 방법이나 대기 방법에 대해 외국어로 설명을 붙여 놓기도 하지만, 만약 잘 모르겠다면 직원에게 직접 물어보는 것이 좋습니다.

일본에서 '라멘 지로'라는 인기 맛집을 갈 때는 주의할 점이 있다고 들었는데, 무엇인가요?

'라멘 지로(ラーメン二郎)'는 짜고 기름진 국물, 대량의 굵은 면 위에 얹어진 대량의 양배추와 숙주나물, 차슈가 덩어리째 들어간 라멘을 파는 식당입니다. 도쿄 미타 본점 외에 일본 곳곳에 지점이 있으며 라멘 지로의 스타일을 따라 하는 지로 인스파이어라고 불리는 가게도 곳곳에 있어요. '지로는 라멘이 아닌 지로라는 음식이다'라는 말이 생길 만큼 독창적인 라멘을 만들며, 이에 푹 빠진 지로리언이라는 열렬한 팬들이 있습니다. 2015년 영국 가디언지의 '세계에서 꼭 먹어 봐야 하는 요리 베스트 50'에 선정되기도 했어요. 하지만 개인적으로는 한국인에게 추천하기 주저하는 라멘집이기도 해요. 진한 라멘은 안 그래도 한국인의 입맛에 안 맞을 수도 있는데 이 가게는 특히 그 맛이 진하고 양이 많기 때문입니다. 라멘 지로에서는 양이 보통인 라멘을 쇼-(小), 곱빼기를 다이(大)라고 부르는데요, 양이 적다는 뜻으로 이름 붙인 쇼-(小)라고 해도 일반적인 라멘집의 곱빼기 정도의 양이고, 다이(大)는 일반적인 라멘집의 곱빼기보다 훨씬 많은 양입니다. 지점마다 조금씩 다르긴 하지만, 아무튼 양이 너무 많아요. 중독성이 있는 맛이라 특히 일본 젊은 남자들에게 인기가 많긴 하지만, 만약 가신다면 미리 각오하고 방문하세요. 또한 라멘 지로에는 무료 토핑이 있는데 주문 방법이 독특해요. 직원이 라멘을 조리하다가 마무리할 때쯤 손님에게 '닌니쿠 이레마스카?'라고 물어볼 거예요. 이 말은 한국어로 직역하자면 '마늘을 넣으시나요?'라는 뜻이지만, 손님이 대답할 때는 마늘뿐 아니라 넣고 싶은 다른 토핑도 전부 다 말해야 합니다. 마늘은 '닌니쿠(ニンニク)', 양배추와 숙주는 '야사이(ヤサイ: 야채)', 돼지지방은 '아부라(アブラ)', 국물에 양념을 추가해 더 진하게 하려면 '카라메(カラメ)'라고 말합니다. 이렇게 어떤 토핑을 넣을지 주문하는 것을 이 가게에서는 '콜(コール)'이라고 하는데 일본인이라도 라멘 지로 초보자면 많이 어려워합니다. 이런 콜이 너무 복잡해서 못 하겠거나 마늘만 넣는다면 직원의 질문에 그냥 '하이(はい, 네)'라고 답하면 됩니다.

일본에는 어떤 매운 라멘이 있나요?

한국에는 신라면처럼 매운 라면들이 많이 있고 라면은 기본적으로 매운 음식이라는 인식이 있는데 반해 일본에서 라멘은 기본적으로 매운 음식이 아닙니다. 일본에서 매운 라멘이라면 미소(된장)라멘이나 츠케멘 메뉴 중에 매운 버전인 카라미소라멘, 카라이츠케멘이나 앞서 소개한 탄탄면이 있는 정도겠네요. 또, 색다른 가게인 '모코탄멘 나카모토'라는 매운 라멘 전문 체인점이 있습니다. 여기서 '탄멘'이란, 원래 야채볶음을 얹어 소금으로 맛을 낸 중화풍 라멘이지만 이 가게에서는 소금이 아닌 대량의 고춧가루와 마파두부를 얹어 만들었어요. 매운 단계는 10단계까지 나눠져 있다고 합니다. 일본어로 아주 매운 맛을 '게키카라(激辛)'라고 하는데, 나카모토의 라멘은 바로 이 '게키카라 라멘'입니다. 제가 들은 나카모토의 라멘을 먹은 한국인의 반응은 사람마다 차이가 있었어요. 일본에서는 충분히 먹을 만한 매운 라멘이라고 하는 사람도 있고 그렇게 맵지 않고 그냥 짠 라멘이었다고 하는 사람도 있었어요. 아무래도 매운맛에 익숙한 한국인과는 입맛에 차이가 있는 것 같네요. 그래도 일본에서 매운 라멘을 먹어 보고 싶다면 한번 도전해 봐도 좋지 않을까 생각합니다.

한 그릇에 밥과 반찬을 함께 담아 먹는 일본식 덮밥인 '돈부리'. 일본에서 유명한 한 규동 체인점의 광고 문구인 '맛있다, 빨리 나온다, 싸다'에서 알 수 있듯, 돈부리는 서민들에겐 생활에 빼놓을 수 없는 소울푸드이며, 간편한 패스트푸드입니다. 그저 밥에 반찬을 얹은 단순한 음식이지만, 신기하게도 깊은 매력이 느껴지죠.

이건 비빔밥이 아니에요 일본인의 패스트푸드, 돈부리

한국인에게는 돈부리가 음식의 한 종류인 일본식 덮밥으로 알려져 있지만, 원래는 일본어로 '큰 밥그릇'이라는 뜻을 가지고 있어요. 위로 갈수록 면적이 넓어지는 모양의 그릇이라 식재료를 잘 얹을 수 있어서 덮밥에 딱이지요. 덮밥뿐만 아니라 라멘이나 우동을 담는 그릇도 돈부리라고 부르기도 합니다. 토핑이 올라가는 라멘이나 우동을 담기에도 돈부리 그릇 형태가 딱 좋아서 그렇습니다.

일본 돈카츠집에는 돈카츠 정식과 카츠동(돈가스덮밥), 텐푸라(튀김)집에는 텐푸라 정식과 텐동(튀김덮밥)을 팔아요. 왜 굳이 밥에 반찬을 얹어 '돈부리(덮밥)'로 제공하는 메뉴가 따로 있는지 아세요? 정식은 반찬을 먹고 밥을 먹으려면 젓가락이 왔다 갔다 해야 해서 다소 귀찮지만, 돈부리는 한 그릇으로 반찬과 밥을 한번에 먹을 수 있어 편하기 때문에 인기가 많은 거랍니다. 만들기도 먹기도 비교적 편하고 빠르니 마치 일본식 패스트푸드 같은 느낌이죠. 아시겠지만, 일본에서는 밥을 먹을 때 손에 그릇을 들고 젓가락으로 먹습니다. 숟가락이 없어도 그릇을 들고 입 가까이 대고 먹으니 불편함을 느끼지 않거든요. '돈부리 같은 큰 그릇을 들고 먹으면 무거워서 힘들지 않나?'라고 의문을 가질 수 있지만, 적당히 들었다 내려놓았다 하며 먹으니 그다지 힘들다고 느끼지 않습니다. 특히나 돈부리는 그릇을 입 가까이에 대고 단숨에 후루룩 먹으면 왠지 더 맛있는 기분이 들어요. 한국인은 숟가락 없이 그릇을 들고 먹는 건 익숙하지 않겠지만, 여행 간 김에 한번 현지식으로 먹어 봐도 재밌지 않을까요?

저는 개인적으로 일본 돈부리(덮밥)와 한국 비빔밥을 비교해 보면 양국의 식문화와 감성을 더 잘 느낄 수 있다고 생각합니다. 일본인은 돈부리를 전혀 비비지 않고 그대로 먹어요. 지금은 익숙해졌지만, 예전에 일본에서 규-동(牛丼, 소고기덮밥)을 비벼 먹는 한국인을 처음 봤을 때 솔직히 충격을 받았습니다. 물론 비빔밥 같은 한식은 양념을 골고루 잘 섞어 전체적인 맛이 균일해야 맛있지요. 하지만, 일본의 돈부리는 비빔밥이나 한국 덮밥과는 근본적으로 먹는 방법과 같은 식문화적 개념이 다릅니다. 일본인은 돈부리를 먹을 때, 아래쪽의 양념이 고여 맛이 진한 부분과 위쪽의 맨밥으로 나뉘어도 신경 쓰지 않아요. 오히려 비벼서 맛이 균일해지면 재미없다고 생각합니다. 일본인은 식사하는 내내 '변해가는 맛'을 즐기는데, 이건 라멘 파트에서 소개한 '아지헹(味変, 먹다가 중간에 조미료로 맛을 바꾸는 것)'과도 통하는 개념이라고 생각합니다.

규동(소고기덮밥)이나 오야코동(닭고기계란덮밥) 같은 덮밥을 일본식으로 비비지 않고 먹는 한국인 중에는 고기(반찬)만 먼저 다 먹어 밥이 남게 된 경우가 꽤 많은 듯합니다. 끝까지 맛있게 먹기 위해서는 먹으면서 고기와 밥의 비율을 잘 계산해야 해요. 참고로, 일본인 중엔 의식하지 않아도 끝까지 고기와 밥을 조화롭게 먹을 수 있는 사람이 많아요. 어렸을 때부터 돈부리를 비비지 않고 먹었기 때문에 자연스럽게 반찬과 밥의 양을 잘 계산해서 먹는 훈련이 된 듯해요.

돈부리는 밥 위에 무얼 얹느냐에 따라 이름이 달라집니다. 예를 들어 소고기덮 밥은 규-동(牛丼), 돼지고기덮밥은 부타동(豚丼), 튀김덮밥은 텐동(天丼)이라 고 부르죠. 카츠동(돈가스덮밥)에는 같은 카츠동이라고 해도 모습이 조금씩 다 른 몇 가지의 카츠동이 있으며, 장어덮밥도 우나동(うな丼), 우나쥬-(うな重), 히츠마부시(ひつまぶし)로 나뉘는데 그 차이를 모르시는 분도 계시겠지요. 이 파트에서는 일본에서 돈부리를 잘 즐길 수 있도록 하나하나 꼼꼼하게 알려 드 리겠습니다.

메뉴판 일본어

016
mp3

돔부리메뉴-
どんぶりメニュー

小盛	並盛	大盛	特盛	超特盛
코모리	나미모리	오-모리	토쿠모리	쵸-토쿠모리

牛丼
규-동

並 782円 (税込)
나미

かつ丼
카츠동

並 700円 (税込)
나미

ソースカツ丼
소-스카츠동

並 700円 (税込)
나미

天丼
텐동

並 700円 (税込)
나미

豚丼
부타동

並 680円 (税込)
나미

親子丼
오야코동

並 530円 (税込)
나미

焼き鳥丼
야키토리동

並 550円 (税込)
나미

海鮮丼
카이센동

並 1,650円 (税込)
나미

ばらちらし丼
바라치라시동

並 864円 (税込)
나미

덮밥 메뉴

소　보통　대　특대　초특대

소고기덮밥

보통　782엔(세금포함)

돈카츠덮밥

보통　700엔(세금포함)

소스돈카츠덮밥

보통　700엔(세금포함)

튀김덮밥

보통　700엔(세금포함)

돼지고기덮밥

보통　680엔(세금포함)

닭고기계란덮밥

보통　530엔(세금포함)

닭꼬치덮밥

보통　550엔(세금포함)

회덮밥, 해산물덮밥

보통　1,650엔(세금포함)

떠먹는 초밥

보통　864엔(세금포함)

119

小盛	並盛	大盛	特盛	超特盛
코모리	나미모리	오-모리	토쿠모리	쵸-토쿠모리

うな丼
우나동

梅	**1,640円**(税込)

우메

うな重
우나쥬-

竹	**2,970円**(税込)

타케

ひつまぶし
히츠마부시

松	**3,260円**(税込)

마츠

鉄火丼
텍카동

並	**790円**(税込)

나미

まぐろ漬け丼
마구로즈케동

並	**590円**(税込)

나미

トッピング
톱핑그

玉子・卵 타마고	100円
半熟玉子 한쥬쿠타마고	100円
チーズ 치-즈	100円
キムチ 키무치	100円

サイドメニュー
사이도메뉴-

みそ汁 미소시루	100円
とん汁 톤지루	200円
お新香 오싱코	100円

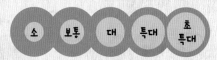

소　보통　대　특대　초특대

큰 밥그릇에 담긴 장어덮밥

하　1,640엔(세금포함)

찬합에 담긴 장어덮밥

중　2,970엔(세금포함)

여러 단계로 먹는 장어덮밥

상　3,260엔(세금포함)

참치회덮밥

보통　790엔(세금포함)

참치장덮밥

보통　590엔(세금포함)

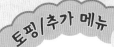

토핑/추가 메뉴

(날)계란	100엔
반숙 계란	100엔
치즈	100엔
김치	100엔

사이드 메뉴

일본식 된장국	100엔
돼지고기된장국	200엔
일본식 채소 절임	100엔

牛丼 규-동

소고기덮밥

소고기, 양파를 간장 양념에 익혀 밥에 얹은 덮밥으로, 규-메시(牛めし)라고도 부르며 베니쇼-가(초생강)나 시치미토-가라시(고춧가루 등의 7가지 향신료를 섞은 조미료)를 뿌려 먹습니다. 날계란을 얹어 먹어도 맛있어요. 다양한 돈부리(덮밥) 중 가장 기본이 되는 메뉴로, 저렴한 가격으로 소고기를 푸짐하게 먹을 수 있어 특히 학생이나 젊은 남성에게 인기가 많습니다.

かつ丼・カツ丼 카츠동

돈카츠덮밥

돈카츠, 양파, 계란을 간장 양념에 살짝 익혀 밥에 얹은 덮밥으로, 돈카츠는 로스(등심)카츠를 주로 사용합니다. 돈카츠집의 기본 메뉴로, 일본에서는 돈카츠 못지않게 인기가 높아요. 참고로 소바와 우동집에서도 식사 메뉴로 판매하는데, 맛있는 소바나 우동 국물로 만든 카츠동은 그 맛이 특별해 함께 먹으면 더 만족스럽습니다.

ソースカツ丼 소-스카츠동

소스돈카츠덮밥

밥 위에 채 썬 양배추와 돈카츠를 얹고 그 위에 소스를 뿌린 덮밥으로, 새콤달콤한 우스터소스를 뿌려 먹어요. 돈카츠와 샐러드, 밥이 따로 나오는 돈카츠 정식을 편히 먹을 수 있도록 덮밥 형태로 만든 메뉴입니다. 일부 지방(후쿠이현, 후쿠시마현 아이즈시, 군마현 기류시 등)에서는 소-스카츠동이 향토 음식처럼 정착되었어요. 니가타현 타레카츠동(タレカツ丼, 달고 짠 간장 양념에 담근 것)이나 나고야시 미소카츠동(味噌カツ丼, 적된장 양념을 뿌린 것)도 소-스카츠동의 일종입니다.

天丼 텐동

튀김덮밥

밥에 텐푸라(튀김)를 얹고 간장 양념을 뿌린 덮밥으로, 새우, 붕장어, 보리멸 등의 해산물, 채소류(가지, 연근, 꽈리고추 등), 반숙 계란, 김 등의 튀김을 골고루 얹습니다. 새우튀김이 주가 되면 '에비텐동', 붕장어가 주가 되면 '아나고텐동'이라고 불러요. 또, 텐동의 일종인 카키아게동(かき揚げ丼)도 현지인에게 인기가 많습니다. 여기서 카키아게란, 작고 길게 자른 어패류와 양파 등 야채를 튀긴 튀김입니다.

豚丼 부타동

돼지고기덮밥

돼지고기(주로 삼겹살이나 등심)를 구워 밥에 얹고 달고 짠 간장 양념을 뿌린 덮밥으로, 원래는 홋카이도 오비히로 지방의 명물이었지만, 지금은 일본 각지에서 먹을 수 있어요. 예전에는 그리 유명한 메뉴는 아니었지만, 2000년대 초반 광우병 사태로 인해 규-동(牛丼, 소고기덮밥) 체인점에서 규-동 대신 부타동을 판매한 것을 계기로 일본 전국적으로 보급되었답니다.

親子丼 오야코동

닭고기계란덮밥

닭고기와 함께 계란을 풀어 간장 베이스 국물에 졸여 밥에 얹은 덮밥으로, 달걀은 반숙이나 날 것에 가까울 정도로 살짝만 익힌 상태로 나오기도 해요. 일본어로 오야코(親子)는 '부모와 자식'이라는 뜻인데 여기서 부모는 닭, 자식은 계란을 가리킵니다. 참고로 사-몽(サーモン, 연어회)과 이쿠라(いくら, 연어알)를 얹은 덮밥도 마찬가지 방식으로 '사-몽이쿠라오야코동(サーモンいくら親子丼)'이라고 부르기도 합니다.

焼き鳥丼 야키토리동

닭꼬치덮밥

구운 닭고기를 밥에 얹어 간장 양념을 뿌린 덮밥입니다. '야키토리'란 일본식 닭꼬치를 말하는데, 야키토리동은 꼬치를 뺀 닭고기를 밥에 얹어 나오며 주로 야키토리집의 점심 메뉴로 볼 수 있어요. 한국인은 닭꼬치를 간식이나 술안주로만 생각해 놀랄 수도 있지만, 일본에서 야키토리는 반찬으로도 자주 먹으며 덮밥 말고 정식 형태로도 먹곤 합니다.

海鮮丼 카이센동

회덮밥, 해산물덮밥

각종 생선회와 해산물을 밥에 얹은 일본식 회덮밥으로, 밥에는 식초가 섞여 있으며 생선회가 익으면 안 되므로 밥은 뜨겁지 않습니다. 일반적으로 고추냉이 간장을 뿌려 먹습니다.

ばらちらし丼 바라치라시동

떠먹는초밥, 회덮밥

잘게 썬 생선회와 계란말이, 오이 등을 얹어 예쁘게 담은 일본식 회덮밥입니다. 스시(초밥)집에서 남은 스시용 횟감이나 스시로 제공하기 어려운 부위를 활용한 메뉴로, 비교적 저렴하게 먹을 수 있습니다. 일부 점포에서는 '카이센치라시(海鮮ちらし)'라고 부르기도 해요.

うな丼・うな重・ひつまぶし 우나동/우나쥬-/히츠마부시

장어덮밥

우나동, 우나쥬-, 히츠마부시는 모두 간장 베이스의 달고 짠 양념을 발라 꼬치에 꿰어 구운 장어를 얹은 덮밥을 뜻하는 말로, 우나동은 돈부리(큰 밥그릇)에 담고 우나쥬-는 나무로 된 네모난 '쥬-바코(重箱, 찬합)'에 담습니다. 일반적으로 우나동보다 우나쥬-의 장어 양이 더 많거나 장어의 등급이 더 좋아 가격도 그만큼 비싼 경향이 있어요. 히츠마부시는 고추냉이, 김, 파 등 각종 고명과 맛국물이 같이 나오며, 먹는 방법이 따로 있습니다. 처음엔 나온 그대로 즐기며 두 번째로는 고명을 적당히 넣어 먹습니다. 그 다음으로 같이 나온 맛국물을 부어 오차즈케(차밥)처럼 먹어요.

鉄火丼 텍카동

참치회덮밥

사용하는 부위는 가게마다 다르며 참치 붉은 살, 뱃살, 네기토로(뼈나 껍질에 붙은 살)를 골고루 담기도 합니다. '텍카동(鉄火丼)'이라는 이름은 쇠(鉄)를 불(火)로 달구는 빨간빛이 참치회의 색과 비슷한 것에서 유래되었답니다. '마구로동(まぐろ丼・マグロ丼・鮪丼)'이라고 하기도 해요.

 ## まぐろ漬け丼 마구로즈케동

참치장덮밥

간장 양념에 절인 참치회를 얹은 덮밥으로, 주로 참치 붉은살을 사용합니다. 간장으로 간을 한 상태로 나오기 때문에 간장을 따로 뿌리지 않고 먹어요.

 ## みそ(味噌)汁 미소시루

일본식 된장국

한국 된장국보다 건더기가 단순해 미역, 두부, 파 정도만 들어 있는 경우가 많아요. 재료에 따라 이름을 달리 부르는데, 나도팽나무버섯이 들어가면 '나메코지루(なめこ汁)', 바지락은 '아사리지루(あさり汁・アサリ汁)', 재첩은 '시지미지루(しじみ汁・シジミ汁)'라고 합니다. 미소시루는 보통 유료라서 따로 시키거나 국이 포함된 세트 메뉴로 주문을 해야 합니다. 반면 유명 체인점 '마츠야'에서는 돈부리(덮밥)를 수분하면 미소시루를 무료로 줍니다.

 ## とん(豚)汁 톤지루

돼지고기된장국

미소시루보다 무, 당근, 감자 등의 채소가 다양하게 들어 있어요. 돈카츠집에서는 돼지고기를 많이 사용하기 때문에 미소시루보다 톤지루를 판매하는 경우가 많습니다. 미소시루와 톤지루 둘 다 있는 돈부리집에서는 보통 톤지루 가격이 더 비쌉니다(예: 미소시루 100엔, 톤지루 200엔).

 ## ねぎだく・つゆだく 네기다쿠/츠유다쿠

양파 추가/양념 추가

'네기다쿠(ねぎだく)'는 규-동(소고기덮밥)에 들어 있는 '타마네기(양파)'만 많이 추가하는 주문으로, 특별히 원한다면 요청할 수 있습니다. 원래는 무료이었지만, 최근에는 유료로 바꾼 가게도 생겼습니다. 일본어 '츠유(つゆ)'는 국물, 양념을 가리키는 말로, 소바나 우동 국물 외에 소고기덮밥 양념 등에도 사용합니다. '츠유다쿠(つゆだく)'는 무료로 밥에 뿌리는 간장 양념만 추가하는 주문이에요. 양념을 추가하면 간이 세지므로 주의가 필요합니다.

017
mp3

A 소고기덮밥의 양을 보통으로 하고 양념을 추가해 주세요.

牛丼、並盛、つゆだくで お願いします。

규-동, 나미모리, 츠유다쿠데 오네가이시마스

🏵 돈부리(덮밥)집에는 밥과 위에 얹은 재료의 양을 고르는 선택지가 많습니다. 각각의 크기를 한국의 즉석밥과 비교하자면, 코모리(소)〈한국의 즉석밥〈나미모리(보통)〈오-모리(대)/토쿠모리(특대)/쵸-토쿠모리(초특대) 순입니다.

A 소고기덮밥에 고기만 추가하고 계란 토핑을 추가해 주세요.

牛丼、アタマの 大盛と、玉子 トッピングで お願いします。

규-동, 아타마노 오-모리토, 타마고 톱핑그데 오네가이시마스

🏵 규-동(소고기덮밥)집에는 '아타마노오-모리(アタマの大盛)'라는 크기도 있는데, 나미모리(보통)와 밥 양은 같지만 고기 양이 1.2배 많습니다. 본래 일본어로 '아타마'는 '머리'를 의미하지만, 규-동집에서는 고기를 나타냅니다.

A 돈카츠덮밥과 돼지고기된장국을 주세요.

カツ丼と 豚汁を ください。

카츠돈토 톤지루오 쿠다사이

A 특대 돼지고기덮밥과 채소 절임을 주세요.

豚丼の 特盛と お新香を ください。

부타돈노 토쿠모리토 오싱코오 쿠다사이

A 특상 회덮밥을 주세요.

海鮮丼 特上を ください。

카이센동 토쿠죠-오 쿠다사이

TIP 덮밥에 얹는 주재료의 양이나 품질 등급을 나타내는 표현에는 짝으로 쓰이는 세 가지 표현이 있습니다. 첫 번째는 '나미(並, 보통)/죠-(上, 상)/토쿠죠-(特上, 특상)'이며, 두 번째는 '우메(梅)/타케(竹)/마츠(松)', 그 다음엔 '이(い)/로(ろ)/하(は)'가 있습니다. 왼쪽에서 오른쪽으로 갈수록 양이 많아지거나 생선회나 장어 등의 주재료의 등급이 좋아지며, 가격도 높아집니다. 특히 회덮밥집이나 장어덮밥집의 메뉴에서 볼 수 있는 표현으로, '우메/타케/마츠', '이/로/하'와 같은 표현은 오래된 가게에서 주로 씁니다.

A 최고급 장어덮밥을 주세요.

うな重 松を ください。

우나쥬- 마츠오 쿠다사이

나만의 일본 여행 Q&A

SNS에서 엄청 두꺼운 돈카츠가 올라간 카츠동을 봤는데요, 일본에서도 유명한가요?

덮밥을 주문할 때, 원하는 토핑을 다 올릴 수 있나요?

개수 제한은 없으니 다 올려도 되지만, 한 번에 올릴 수 있는 양에는 한계가 있겠죠. 아무래도 먹기 불편해질 수 있으니 적당한 양의 토핑을 주문하는 것이 좋겠습니다. 일본인들은 최대 2~3개 정도 올리는 편이에요. 참고로 저는 개인적으로 규동(소고기덮밥)에 날계란과 낫토를 올리거나 치즈와 반숙 계란을 올리고 무료 토핑인 베니쇼-가(紅生姜, 초생강)와 타바스코 소스를 뿌려 먹는 걸 좋아합니다.

'야키카츠동(焼きカツ丼)'이라는 덮밥입니다. 일반적인 카츠동은 계란을 풀고 양파와 돈카츠를 간장 양념에 같이 익혀 만들지만, 야키카츠동은 계란을 따로 익혀 밥에 얹고 그 위에 돈카츠를 얹어 타레(간장 양념)를 뿌려서 만들어요. 계란을 따로 굽는다는 의미로 '야키'라는 이름이 붙었습니다. 다른 말로 '토지나이카츠동(とじないカツ丼, 계란과 같이 익히지 않는 카츠동)'이나 '타레카츠동(タレカツ丼, 양념카츠동)'이라고 부르기도 합니다. 야키카츠동의 돈카츠는 꼭 두툼해야 하는 건 아니지만, 2020년대에 들어 엄청나게 두꺼운 야키카츠동이 SNS에서 인기를 끌며 한국인 관광객에게도 알려진 듯합니다.

연어덮밥을 좋아해서 일본에서 먹어 보고 싶었는데, 파는 식당을 못 찾았어요. 일본에서는 흔한 메뉴가 아닌 건가요?

네, 어쩐지 한국에는 사케동(연어덮밥)을 판매하는 일식집이 많은 듯하지만, 일본에서 그리 흔한 메뉴는 아닙니다. 일본에서는 연어를 '사−몽(サーモン, 연어회)'과 '사케(鮭, 구이용 연어)'로 구별하며 일본에서 연어는 구이로 더 많이 먹기 때문에 회덮밥 형태가 잘 없는 듯합니다. 참고로 정확히 말하자면 일본어로는 사케동이 아니라 '사−몬동(サーモン丼)'이 맞습니다. 가끔 사−몽을 사용하면서 '사케동(鮭丼)'이라는 이름으로 판매하는 경우도 있지만요.

장어덮밥을 주문하고 음식이 나올 때까지 한 시간 가까이 기다렸어요. 장어덮밥은 원래 이렇게 시간이 오래 걸리나요?

가게마다 다르지만, '장어집에서는 기다리는 시간 또한 큰 재미나'라는 말이 있을 정도로 원래 장어집은 음식이 나올 때까지 많이 기다리는 걸로 유명합니다. 제대로 된 장어집은 주문을 받자마자 살아 있는 장어를 잡아 굽기 시작합니다. 장어는 신선도가 빨리 떨어지기 때문에 미리 구워 두지 않는 것이지요. 관광지에 있거나 회전률이 높은 장어집에서는 미리 중간 단계까지 조리한 장어를 준비해 놓는 가게들도 있지만, 노포 같은 곳에서는 그러지 않아 많이 기다릴 수 있으니 시간 여유를 가지고 방문하는 것이 좋겠습니다. 참고로 간토(일본 동쪽 지방)식 장어덮밥은 부드러운 식감을 내기 위해 한번 쪘다가 굽기 때문에 시간이 더 걸립니다. 시간을 줄이려 주문받기 전에 미리 쪄 놓고 나중에 굽기만 하는 가게도 있지만요. 간사이(일본 서쪽 지방)식은 굽고 양념을 바르는 과정을 몇 번이나 반복하기 때문에 역시 시간이 많이 걸립니다.

회덮밥을 먹을 때 고추냉이가 같이 나왔는데 어떻게 먹어야 하나요? 비벼 먹으면 안 되죠?

먹는 방법은 자유라서 딱히 정해진 건 없지만, 일본 현지인들은 덮밥 위에 얹어진 와사비(고추냉이)를 일단 앞접시에 옮겨 간장을 붓고 와사비를 풀어 '와사비 간장'을 만듭니다. 그리고 와사비 간장을 덮밥에 적당히 뿌려 먹어요. 한국에서는 회덮밥에 고추장을 넣어 비벼 먹지만, 일본에서는 비벼 먹으면 안 됩니다. 그렇게 먹으면 직원이나 일본인 손님들이 충격을 받을 거예요.

일본의 소고기덮밥 맛집을 찾아봤는데, 잘 나오지 않더라고요. 혹시 추천하는 맛집이 있나요?

일본에 규-동(牛丼, 소고기덮밥) 맛집이 아예 없진 않지만, 특별한 맛집이 많이 있는 건 아닙니다. 대부분의 일본인들이 규-동을 먹고 싶을 때 체인점을 이용하거든요. 일본 규-동 3대 체인점은 바로 '요시노야(吉野家)', '마츠야(松屋)', '스키야(すき家)'입니다.

요시노야는 가장 유명한 체인점으로, '역시 규-동은 요시노야가 제일 맛있다'라고 하는 일본인이 굉장히 많고 유명인들 중에도 요시노야 팬을 자처하는 사람들이 있을 정도로 일본 소고기덮밥 맛의 기본이라고 할 수 있어요. 마츠야도 일본인들이 애용하는 체인점으로, 돈부리(덮밥) 말고도 정식이나 카레 등 다양한 메뉴를 판매합니다. 마츠야에서는 규-동을 '규-메시(牛めし)'라고 부르며, 예전에는 맛이 별로라는 이미지가 있었지만 최근 몇 년 사이 질 좋은 '프리미엄 규-메시'를 개발하면서 맛이 좋아진 듯합니다. 스키야도 규-동 위주로 판매하는 체인점이에요. 돈부리집은 보통 카운터석밖에 없는 경우가 많지만, 스키야는 테이블석도 있는 점포가 많아 가족 단위로 가거나 친구와 가도 좋습니다. 스키야는 다양하고 독특한 메뉴로 인기를 끌고 있습니다. 치즈규-동, 네기타마(파와 달걀)규-동, 멘타이마요(명란마요)규-동, 우나(장어)규-동 등이 인기 있습니다.

PART 6 야키니쿠집에서

오랜 시간 육식 금지령을 실시했던 일본은 18세기 중반 외국과 교류가 활발해지면서 육류를 먹게 되었고 특히 한반도에서 들어온 고기구이에 큰 영향을 받았습니다. 전통적인 일식보다는 역사가 짧지만, 한국의 고기구이가 일본의 야키니쿠로 현지화되어 정착하는 과정에서 어떻게 발달되어 왔는지 이 파트에서 살펴보시죠.

입 안에서 살살 녹는
부드러운 시간,
야키니쿠

일본 야키니쿠집은 재일 한국인이 운영하는 경우가 많으며, 일본의 음식점 리뷰 사이트에서 야키니쿠는 한식 카테고리로 분류되어 있기 때문에 대부분의 일본인은 야키니쿠를 한식으로 인식하고 있습니다. 그래서 일본인은 '야키니쿠의 본고장인 한국에서 제대로 된 야키니쿠를 만끽하자!'며 한국 여행을 가서 삼겹살이나 한우, 불고기 등을 먹곤 하는데요, 그러나 일본인들의 야키니쿠에 대한 정의는 다소 모호한 부분이 있습니다. 일본어 야키니쿠(燒肉)를 한국어로 직역하자면 '구운 고기'인데, 실제 일본 야키니쿠와 한국의 고기구이가 모습이 많이 다름에도 고기구이(구운 고기)를 전반적으로 야키니쿠로 여겨서 그런 것 같아요.

살살 녹는 야키니쿠는 최고의 밥 반찬!

실제 일본의 야키니쿠집 메뉴를 살펴보면 주 메뉴는 소고기인 경우가 많습니다. 소갈비부터 등심, 안심, 우설, 심지어 내장까지 각기 다른 부위를 한데 모아 판다는 점이 한국 고깃집과는 차이가 좀 있죠. 최근엔 돼지고기나 닭갈비까지 다양하게 파는 곳이 늘었지만, 일본에서 '야키니쿠=소'라는 인식은 여전한 듯 싶습니다. 소고기는 다른 육류보다 원가가 높은데, 특히 와규(和牛, 일본 육용종 소)는 고급육입니다. 그래서 일본에서 야키니쿠는 대중적인 음식이라고 하기는 어려우며 한국인이 '삼겹살 먹으러 갈래?'라고 가볍게 말하는 분위기와는 차이가 있습니다. 생각해 보자면 일본 야키니쿠는 한국인이 한우를 먹으러 가는 느낌에 가깝다고 할 수 있겠네요. 일본인은 기념일이나 경조사가 있을 때 야키니쿠집을 찾기도 하는데, 제 학창 시절 먼저 취업한 동아리 선배님이 첫 월급을 받아 야키니쿠를 사 주셨던 기억이 납니다.

그런데 한국에는 얼마든지 맛있는 고깃집들이 많은데, 일본에 가서 일부러 야키니쿠를 먹어야 할 이유가 있을까요? 저는 일본에서 야키니쿠를 먹을 이유와 그만한 의미가 충분히 있다고 생각합니다. 바로 와규 때문입니다. 일본인의 취향에 맞춰 철저한 품종 개량을 해 온 와규는 한국의 소고기와 또 다른 매력이 있지요. 입 안에서 살살 녹는 식감, 마블링이 많은데도 느끼하지 않고 오히려 달콤한 맛, 산지마다 특색 있는 와규를 즐길 수 있다는 점도 매력적이지요. 한국에서는 일본 소고기 수입이 금지되어 있기 때문에 한국인이 제대로 된 와규를 즐기려면 일본에 갈 수 밖에 없습니다. 와규뿐만 아니라 돼지고기, 닭고기도 현지에서만 느낄 수 있는 맛이 있을 겁니다.

메뉴판 일본어

018
mp3

焼肉メニュー
야키니쿠메뉴-

食べ放題
타베호-다이

牛肉 규-니쿠

1. ロース 로-스
2. リブロース 리브로-스
3. 肩ロース 카타로-스
4. ヒレ 히레

牛肉 규-니쿠

5. カルビ 카루비
6. シャトーブリアン 샤토브리앙
7. 中落ちカルビ 나카오치카루비
8. ザブトン 자부통
9. ハネシタ 하네시타
10. ハラミ 하라미
11. ミスジ 미스지
12. イチボ 이치보
13. シンタマ 신타마
14. トモサンカク 토모상카쿠
15. タン 탕
16. レバー 레바-

ホルモン 호르몽

17. マルチョウ 마루쵸-
18. シマチョウ 시마쵸-
19. テッチャン 텟창
20. ハツ 하츠
21. ミノ 미노
22. ハチノス 하치노스
23. センマイ 셈마이
24. ギアラ 기아라

야키니쿠 메뉴

소고기

1 등심
2 꽃등심
3 목심
4 안심

소고기

5 갈비
6 프랑스식 안심스테이크
7 늑간살(갈비뼈 사이에서 발라낸 살)
8 살치살(간토 지방)
9 살치살(간사이 지방)
10 안창살
11 부챗살
12 우둔살
13 치맛살
14 삼각살(꼬리뼈 주변 근육)
15 우설
16 간

내장류

17 곱창
18 대창
19 대창
20 염통
21 양(혹위)
22 벌집양
23 천엽
24 막창

豚・鳥 부타/토리

豚カルビ	부타카루비	520円	鶏ナンコツ	토리낭코츠	390円
豚トロ	톤토로	490円	鶏皮	토리카와	390円
鶏カルビ	토리카루비	390円	ボンジリ	본지리	390円

サイドメニュー 사이도메뉴-

ご飯・ライス	고향/라이스	100円
サンチュ	산츄	200円
キムチ	키무치	200円
ナムル	나무루	200円
ユッケ	육케	800円
冷麺	레-멩	600円
コムタン	코무탕	700円
ユッケジャン	육케쟝	700円
クッパ	쿱파	700円

돼지고기/닭고기

돼지갈비	520엔	**닭연골**	390엔
항정살＊	490엔	**닭껍질**	390엔
닭갈비(닭 다리 살)	390엔	**닭꼬리, 닭꼬리뼈살**	390엔

사이드 메뉴

공깃밥	100엔
상추	200엔
김치	200엔
나물 반찬	200엔
육회	800엔
냉면	600엔
곰탕	700엔
육개장	700엔
국밥	700엔

＊ 항정살은 피-토로(ピ－トロ)라고도 해요.

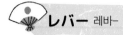 **レバー** 레바-

タン 탕

우설

우설은 일본어로 보통 규-탕(牛タン)이라 하는데, 소고기를 주로 파는 가게에서는 규-(牛)라는 말을 빼고 '탕(タン)'이라고 부르며 우설 소금구이라는 뜻으로 시오탕(塩タン)이라고도 합니다.

간

규-탕(우설), 레바-(간)는 엄밀히 말하자면 내장이지만, 대부분 고기로 분류합니다. 일본에서는 2010년대에 들어 소나 돼지의 레바-(간)를 날로 먹는 걸 법적으로 금지했어요. 일부 위생 관리가 잘 되지 않은 야키니쿠집에서 생간을 먹고 식중독에 걸린 사람이 늘어났기 때문입니다. 그래서 야키니쿠집에서 간이 생으로 나오더라도 잘 구워서 먹어야 해요.

 豚カルビ 부타카루비

 サンチュ 산츄

돼지갈비

일본에서 '부타카루비(돼지갈비)'를 주문하면 조미료만 살짝 뿌린 거의 생고기에 가까운 삼겹살이 나오거나 한국식 (양념)돼지갈비까지는 아니지만 살짝 양념에 절인 즉석양념구이 형태로 나와요. 일본에서 부타카루비의 정의가 약간 애매하니 한국의 (양념)돼지갈비와 다르다는 점을 미리 알고 주문하시는 것이 좋겠습니다.

상추

일본 야키니쿠집에서는 상추 등 쌈 채소가 메뉴에 없거나 있더라도 유료로 주문해야 할 수도 있습니다. 일본에는 야키니쿠를 쌈에 싸 먹지 않고 밥과 함께 반찬으로 먹는 사람이 많아 한국식 고기집이 아니라면 상추(쌈)를 주지 않는 곳이 많아요.

 キムチ・ナムル 키무치/나무루

 冷麺 레-멩

김치/나물 반찬

김치는 일본인의 입맛에 맞게 덜 맵게 만들며 산미가 강한 맛이 일본인 입맛에 잘 안 맞아 숙성된 김치는 잘 없습니다. 여담이지만 이런 현지화된 김치를 일본에 거주하는 한국인들은 한국 김치와 구분 짓기 위해 일본식 발음인 '기무치'라고 부르기도 합니다. 나물은 비교적 한국과 가까운 스타일이지만, 양이 적게 나와요. 밑반찬 문화가 없는 일본에서는 무료로 주는 음식은 거의 없어 야키니쿠집에서도 김치와 나물 등은 유료입니다.

냉면

야키니쿠집 냉면은 '모리오카레-멩(盛岡冷麺)'을 뜻하는데 함흥시에서 일본으로 이주한 분이 개발한 면 요리이지만, 실제는 한반도의 냉면과는 다릅니다. 면은 메밀이 아닌 전분과 밀가루로 만들어 한국의 쫄면에 가까울 정도로 쫄깃해요. 육수는 칼칼하며 감칠맛이 진한 편으로, 한국 물냉면과 다른 맛입니다. 물론 한식당에서는 한국과 비슷한 냉면을 팔지만, 야키니쿠집의 레-멩은 한국 냉면과는 다른 음식라고 미리 알고 먹는 게 좋을 듯합니다.

コムタン・ユッケジャン・クッパ 코무탕/육케장/쿱파

곰탕/육개장/국밥

곰탕이나 육개장은 한국과 겉모습이 비슷하게 보여도 어딘가 맛이 다르며, 국밥 역시 한국식 국밥과는 차이가 있지만 한식을 대표하는 요리라서 그런지 야키니쿠집 메뉴에 있는 경우가 많습니다. 계란국밥(玉子クッパ, 타마고쿱파), 미역국밥(わかめクッパ, 와카메쿱파), 갈비국밥(カルビクッパ, 카루비쿱파) 등 한국에선 드문 국밥들을 팔아요.

 ## タレ・塩・辛味噌 타레/시오/카라미소

양념/소금/매콤한 된장 양념

'타레(タレ)'란 야키니쿠와 같이 나오는 양념으로, 간장, 고추장, 두반장, 벌꿀, 양파, 과일 농축액(사과·복숭아·매실 등)으로 만듭니다. 일본에서 야키니쿠는 쌈에 싸서 먹기보다는 반찬 삼아 먹는 음식이라 타레(양념)도 밥과 잘 어울리도록 맛을 조절합니다. 어떤 야키니쿠집에서는 메뉴 이름 바로 옆에 타레·시오(소금)·카라미소(매콤한 된장) 등의 '맛 종류'가 적혀 있어 주문할 때 맛을 선택하기도 합니다. 예를 들어 「カルビ: タレ·塩·辛味噌(갈비: 타레 양념·소금·된장 양념)」 이런 식으로 적혀 있어요. 이런 메뉴는 즉석에서 살짝 양념(혹은 소금 등의 조미료)에 버무려 제공하는 음식으로, 한국처럼 고기에 양념을 발라 며칠 재웠다 제공하지는 않아요. 일본의 즉석 양념육은 간이 제대로 베어 있는 것은 아니므로 구워서 바로 먹지 않고 같이 나온 타레에 찍어 먹습니다.

 ## 上・特上・特選 죠-/토쿠죠-/토쿠셍

상/특상/특선

육질 등의 등급을 나타내는 상(上)/특상(特上)/특선(特選) 등을 메뉴 이름 앞에 쓰기도 합니다. 특상(特上)과 특선(特選) 중에 어느 쪽이 더 높은 등급인지 정해진 건 없고 가게마다 다릅니다.

厚切り 아츠기리

두껍게 썬 고기

아츠기리는 일반적인 고기보다 더 두껍게 자른 고기입니다. 일본 야키니쿠집에서는 대부분 고기가 덩어리로 나오지 않고 미리 잘라 나오기 때문에 따로 두께를 선택할 수 있는 메뉴가 있는 것이지요.

 和牛 와규-

일본 토종 소

현재 일본에서 '와규-(和牛)'로 표기할 수 있는 품종은 4종뿐입니다. 그 중 가장 유명한 품종은 쿠로게와규-(黒毛和牛, 흑모화우)이며, 와규 품종의 90% 이상을 차지합니다. 일본 야키니쿠집 중에는 쿠로게와규-를 굉장히 특별한 프리미엄 품종으로 광고하는 가게도 있지만, 그 와규 자체가 특별한 건 아니랍니다. 와규의 최대 특징은 바로 마블링입니다. 지방이 그물코처럼 잘고 섬세하게 들어 있는데 그 모습이 예술적입니다. 와규 야키니쿠는 입에 넣은 순간 살살 녹는 식감을 느낄 수 있는데 이는 부드러운 식감을 선호하는 일본인의 취향에 맞게 품종 개량을 했기 때문입니다. 한국인 중에는 씹는 맛이 적당히 있는 고기를 더 선호하는 사람도 있겠지만, 여행을 왔으니 한 번쯤은 현지 와규가 어떤 맛인지 꼭 경험해 보셨으면 좋겠습니다.

 国産牛 코쿠상규-

(일본) 국내산 소

(일본) 국내산 소(国産牛)는 일본 내에서 3개월 이상 사육된 소 혹은 사육 기간 중 일본 내에서 사육된 기간이 가장 긴 소를 말하는데, 소 품종이나 생산지는 상관없어요. '국내산 소(国産牛)'라고 표시된 소고기는 와규가 아닌 경우가 있으니 주의가 필요합니다. 메뉴판에 있는 와규와 국내산 소(国産牛) 중에서는 국내산 소(国産牛)가 더 저렴한 경우가 많습니다. 와규보다 저렴한 품종을 국내산 소로 사육하기 때문입니다. 그러니 고급 품종인 와규를 굳이 국내산 소(国産牛)라고 표기할 이유는 없겠죠. 물론 국내산 소(国産牛)가 육질이 좋지 않다는 건 아니지만, 미리 알고 있으면 도움이 될거라 생각합니다.

A 상 안창살을 간장 양념으로 2인분 주세요.

上ハラミを タレで 2人前 ください。

죠-하라미오 타레데 니님마에 쿠다사이

A 두껍게 썬 우설을 4인분 주세요.

厚切りタンを 4人前 ください。

아츠기리탕오 요님마에 쿠다사이

A 특상 갈비와 등심을 3인분씩 주세요.

特上カルビと ロースを 3人前ずつ ください。

토쿠죠-카루비토 로-스오 산님마에즈츠 쿠다사이

A 특선 내장 세트를 2인분 주세요.

特選ホルモンセットを 2人前 ください。

토쿠셍호르몬셋토오 니님마에 쿠다사이

A 곱창은 양념, 대창은 소금구이로 각각 1인분씩 주세요.

マルチョウを タレで、シマチョウを 塩で それぞれ 1人前ずつ ください。

마루쵸-오 타레데, 시마쵸-오 시오데 소레조레 이치님마에즈츠 쿠다사이

A 야키니쿠 A코스를 3인분 주세요.

焼き肉 Aコースを 3人分 お願いします。

야키니쿠 에-코-스오 산님붕 오네가이시마스

TIP 야키니쿠 에-코-스(焼肉 Aコース)대신 무한 리필 코스를 의미하는 '타베호-다이코-스'를 넣어 말할 수 있습니다.

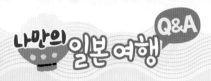

나만의 일본 여행 Q&A

일본에 가서 와규를 맛보고 싶은데 한국의 횡성 한우처럼 유명한 와규가 있다면 추천해 주세요.

야키니쿠집에서 1인분을 시켰는데 양이 너무 적더라고요. 원래 이렇게 양이 적은 음식인가요?

야키니쿠집 메뉴판에 고기의 양이 정확히 적혀 있지 않은 가게가 많아서 메뉴판만 보면 미리 알기 어려울 수도 있는데, 한국의 1인분보다 양이 적을 수도 있습니다. 다양한 부위를 골고루 맛보고 싶어하는 일본인의 취향에 맞게 양을 맞춘 것이라 주문할 때는 편의상 1인분이라고 말하지만, 실제로는 혼자 먹기에 알맞은 양이 아닌 한 접시 가볍게 맛보는 정도의 양이에요. 한국은 보통 고기를 주문할 때 2인분 이상부터 가능한 경우도 있지만, 일본은 한 접시씩 주문하는 형태라서 보통 1인분부터 주문이 가능합니다.

일본에는 각 지역마다 다양한 와규 품종이 있는데, 그 수는 200종을 넘는다고 합니다. 그중에서 일본의 3대 와규라 불리는 유명한 품종에는 미에현(三重県)의 도종 소인 '마츠사카규-(松阪牛)', 효고현(兵庫県)의 토종 소인 '코-베규-(神戸牛)', 시가현(滋賀県)의 토종 소인 '오-미규-(近江牛)'가 있습니다. 어느 와규나 기본적으로 마블링이 좋다는 특징을 가지고 있으며, 각 지역의 철저한 품종 개량 덕에 품종마다 개성적인 맛을 지니고 있습니다. 일본의 3대 와규 외에도 여러분이 여행하는 지역에서 그 지역만의 와규를 파는 야키니쿠집이 있는지 미리 알아보고 방문하면 더 좋을 듯합니다.

일본 야키니쿠집에서는 우설이 인기가 많다고 하던데, 전 한국에서 먹어본 적이 없어요. 어떤 맛인가요?

일본 야키니쿠집에서 가위가 안 나오던데, 왜 그런가요?

고기가 한입 크기로 미리 잘라 나오기 때문에 고기를 굽다가 가위를 쓸 일이 없어 그렇습니다. 아무래도 일본인들은 음식을 다른 사람과 나눠 먹는 것보다 각자의 몫이 정해져 있는 것이 편하다고 느껴서 그런 것이 아닐까 합니다. 직원에게 가위를 요청하면 주긴 합니다. 탄 부위를 다듬는데 유용하긴 하죠. 참고로 원래 일본에서는 평소 주방에서도 가위를 쓸 일이 거의 없답니다. 주방용 가위가 없는 건 아니지만, 보통 음식 포장 등을 자르기 위해서 쓰기 때문에 가위로 음식을 자르는 것에 익숙하지 않습니다. 그래서 한국 고깃집의 큼직한 고깃덩이에 감탄하면서도 어떻게 먹어야 할지 당황하곤 하지요.

일본에서 우설은 보통 많이 먹는 소갈비나 소 등심 못지않은 인기를 누리는 부위입니다. 탄력 있고 쫄깃한 식감과 달콤한 지방질 덕분에 다른 부위에서는 맛볼 수 없는 독특한 식감을 즐길 수 있다는 점이 매력이지요. 우설은 기본적으로 소금구이로 나오는데, 레몬즙을 짜서 먹으면 상쾌하고 맛이 좋습니다. 참고로 야키니쿠집이 아니어도 일본 도호쿠 지방 미야기현(宮城県)의 향토 요리이기도 한 우설 정식 전문점에서도 맛볼 수 있어요. 또한 센다이시(仙台市)에는 맛있는 우설 전문점이 많이 있답니다.

한우의 등급을 1^{++}, 1$^+$, 1 등과 같이 표시하듯이 일본 와규도 그러한 등급이 있나요?

고급 야키니쿠집의 메뉴판에 「最高級 A5和牛(최고급 A5와규)」와 같은 표시가 쓰여 있는 경우가 있는데 여기서 A5는 소고기 등급을 의미합니다. 알파벳(A~C)은 소 한 마리에서 사용할 수 있는 고기 양을 나타내는데 A는 그 양이 제일 많다는 뜻이에요. 숫자(1~5)는 마블링, 고기 색깔, 식감, 지방의 색깔과 품질을 각각 평가해 정하는 것으로, 5가 최고 등급입니다. 각 항목의 평가 중에서 제일 낮은 등급을 그 고기의 등급으로 인정하는데 예를 들어 마블링 5, 고기의 색깔 5, 식감 5, 지방의 색깔과 품질 3이라면 그 고기의 등급은 3으로 정해집니다. 이와 같은 방식으로 정하면 A5가 최고 등급이 되고 등급이 높아질수록 가격도 비싸집니다. 하지만 그렇다고 해서 A5 등급이 무조건 맛있다는 건 아닙니다. 어디까지나 각 항목을 기준에 따라 평가한 것뿐이라 마블링이 좋아 5등급을 받았지만 각자 입맛엔 잘 안 맞을 수도 있겠죠. 등급은 참고만 하는 게 좋을 듯합니다.

PART 7
야키토리집에서

한국인이 사랑하는 닭 요리 하면 역시 치킨이 아닐까 합니다. 그럼 일본은 어떨까요? 일본인에게 가장 사랑받는 닭 요리는 바로 야키토리(일본식 닭꼬치)랍니다. 야키토리는 부위가 다양하고 판매하는 가게 형태도 한국과 다르며, 양념을 선택하는 방법도 다릅니다. 야키토리를 자세히 살펴보면 일본인의 취향이 듬뿍 담겨 있다는 걸 느낄 수 있을 거예요.

꿰는 건 3년, 굽는 건 평생
배우는 장인의 야키토리

한국 닭꼬치는 노점에서 길거리 음식으로 자주 먹죠? 일본에서는 '오마츠리 (お祭り, 지역 축제)'가 열리면 많은 노점들이 나오는데, 그중에 야키토리(닭꼬치)를 파는 가게가 꼭 있답니다. 축제 노점 말고도 일본에는 더 다양한 형태의 가게가 있어요. 야키토리 전문점은 가격 폭이 넓은데, 저렴해서 부담 없는 가격대부터 1인당 만 엔을 넘는 고급 코스 요리로 제공하는 가게까지 있습니다. 고급 야키토리 가게는 손님을 대접할 때나 분위기 좋은 곳에서 데이트하고 싶을 때 가기 좋아요. 일본에는 야키토리 체인점도 많으며 이자카야(술집)에서도 야키토리를 많이 볼 수 있습니다. 가게에서 먹고 가지 않더라도 포장할 수 있고, 마트나 편의점에서도 판매하니 일본인은 야키토리를 집에서도 자주 먹는답니다. 참고로 한국인에게는 낯설겠지만, 일본인은 야키토리를 밥반찬으로도 먹습니다.

한국 닭꼬치와 비교하자면, 고기 한 조각의 크기는 야키토리가 작습니다. 무엇이든 한입에 쉽게 먹을 수 있는 걸 좋아하는 일본인의 취향에 맞춰서 그런가 봐요. 야키토리를 주문할 때는 보통 '타레(간장 양념)' 혹은 '시오(소금구이)' 두 가지 맛 중 하나를 선택합니다. 가끔 '저희 가게 낭코츠(연골)는 소금구이로만 주문 가능합니다'라고 하는 가게도 있어 선택할 수 없는 경우도 있는데, 그건 가게에서 생각하는 가장 맛있는 방법으로 제공하고 싶은 마음 때문에 그런 거예요. 기본적으로 야키토리는 매운맛이 없지만, 매콤하게 먹고 싶다면 시치미토-가라시(고춧가루 조미료)를 적당히 뿌려 먹으면 됩니다.

일본 야키토리의 가장 큰 특징은 메뉴(부위)가 정말 다양하다는 점입니다. 야키니쿠(고기구이)집에서 파는 메뉴와 같은 이름도 있긴 하지만, 야키토리집에서 흔히 볼 수 있는 메뉴들은 이름이 좀 다르기도 합니다. 참고로 제대로 된 야키토리집, 특히 역사가 깊은 가게나 고급 야키토리 가게에서 일하는 장인은 솜씨가 훌륭하며 존경받는 직업이기도 합니다. 야키토리집에는 「串打ち３年、焼き一生(닭고기를 꼬치에 꿰는 것을 습득하는데 3년, 굽는 건 평생 배워야 한다)」라는 말이 있어요. 그래서인지 장인이 야키토리를 굽는 모습 자체가 일종의 쇼 같은 느낌입니다. 혹시 카운터석에 앉아 야키토리를 먹을 기회가 있다면 장인의 쇼를 즐겨 보시는 건 어떨까요?

메뉴판 일본어

鳥・鶏
토리

번호	일본어	한국어
1	もも	모모
2	むね	무네
3	ささみ・ササミ	사사미
4	ねぎま・葱間	네기마
5	手羽先	테바사키
6	かわ・皮	카와
7	なんこつ・ナンコツ	낭코츠
8	レバー	레바-
9	はつ・ハツ	하츠
10	砂肝	스나기모
11	せせり	세세리
12	ぼんじり	본지리
13	つくね	츠쿠네
14	ちょうちん	쵸-칭
15	うずら・ウズラ	우즈라

豚
부타

번호	일본어	한국어
16	豚トロ	톤토로
17	豚ハツ	부타하츠
18	豚タン	부타탕
19	豚シロ	부타시로
20	豚カシラ	부타카시라
21	豚ホルモン	부타호루몽

148

닭고기

5 닭날개	4 대파 닭다리살	3 닭가슴살	2 닭가슴살	1 닭다리살
10 닭모래집	9 닭염통	8 닭간	7 연골	6 닭껍질
15 메추리알	14 닭알과 난소	13 닭고기 완자	12 닭엉덩이살	11 닭목살

돼지고기

20 돼지볼살	19 돼지대창	18 돼지혀	17 돼지염통	16 돼지항정살
				21 돼지내장

牛
우시

① 牛すじ
규-스지

② 牛カルビ
규-카루비

③ 牛フィレ
규-휘레

ランチメニュー
란치메뉴

④ 焼き鳥丼（重）
야키토리동(쥬-)

⑤ 焼き鳥定食
야키토리테-쇼쿠

⑥ 親子丼
오야코동

サイドメニュー
사이도메뉴-

⑦ 唐揚げ
카라아게

⑧ チキン南蛮
치킨남방

⑨ 鶏雑炊
토리조-스이

⑩ 鳥刺し
토리사시

⑪ 水炊き★
미즈타키

★ 겨울 한정 메뉴로 일본식 닭고기전골인 미즈타키를 팔기도 합니다.

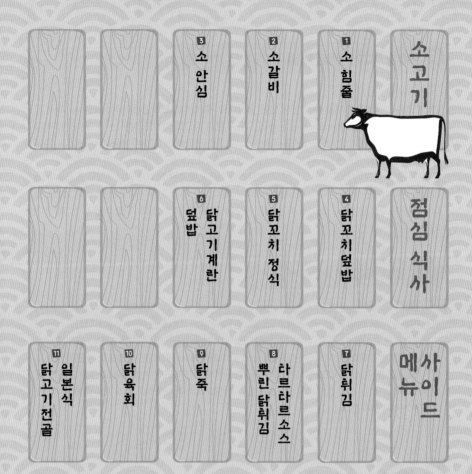

소고기

③ 소안심

② 소갈비

① 소힘줄

점심식사

⑥ 닭고기계란덮밥

⑤ 닭꼬치정식

④ 닭꼬치덮밥

사이드메뉴

⑪ 일본식닭고기전골

⑩ 닭육회

⑨ 닭죽

⑧ 타르타르소스뿌린닭튀김

⑦ 닭튀김

 焼き鳥丼・焼き鳥重 야키토리동/야키토리쥬–

닭꼬치덮밥

야키토리(닭꼬치)의 꼬치를 빼서 밥에 얹은 덮밥으로, 주로 야키토리집에서 점심 메뉴나 저녁 식사 메뉴로 판매합니다. 야키토리동은 돈부리 그릇에 담아 나오고 야키토리쥬–는 네모난 찬합에 나옵니다. 야키토리동과 야키토리쥬–의 차이는 그냥 그릇만 다를 뿐이고 우나동(장어덮밥)과 우나쥬–(장어덮밥찬합)처럼 질이나 양이 차이 나는 건 아닙니다. 그래서 가게에서는 야키토리동과 야키토리쥬– 중 하나만 파는 경우가 많아요. 야키토리를 단품으로 주문할 때는 양념구이와 소금구이 중 하나를 선택하지만, 덮밥은 이미 타레(양념)가 뿌려져 나오는 가게가 많아 따로 선택하지 않아도 됩니다. 야키토리를 밥반찬으로 먹을 때는 보통 시오(소금)보다 타레가 밥과 더 잘 어울려서 그렇습니다.

 焼き鳥定食 야키토리테–쇼쿠

닭꼬치 정식

모둠 야키토리(닭꼬치)와 밥, 국, 츠케모노(채소 절임)가 세트로 나오는 메뉴입니다. 야키토리동(야키토리쥬–)은 꼬치를 뺀 걸 얹어 덮밥 형태로 나오는데 반해, 야키토리 정식은 꼬치는 그대로 두고 식사 메뉴로 밥과 국이 같이 나올 뿐입니다. 스스로 꼬치를 빼기 귀찮다면 덮밥으로 주문하면 되고 야키토리를 밥반찬 삼아 먹고 싶다면 정식을 선택하면 됩니다. 나오는 야키토리의 수가 같다면 두 메뉴의 가격 차이는 별로 없습니다. 야키토리동과 마찬가지로 정식도 야키토리 개수(종류 수)가 많아지면 가격이 올라갑니다.

 鳥刺し 토리사시

닭육회

닭고기를 주재료로 사용하는 야키토리(닭꼬치)집에서는 사이드 메뉴로 여러 가지 닭고기 요리를 판매합니다. 토리사시는 정말 신선한 닭고기를 준비할 수 있는 가게에서만 팔기 때문에 도쿄에서는 보기 힘들지만 양계업이 발달한 규슈 지방에서는 흔히 볼 수 있습니다. 다만 생으로 먹는 음식이기 때문에 식중독 예방에 신경 써야 하는 어린이나 노인, 면역 저하자 등은 되도록 먹는 걸 피하는 게 좋다고 합니다. 이건 토리사시뿐만 아니라 생으로 먹는 고기라면 모두 해당되므로 유의하시는 것이 좋겠습니다.

盛り合わせ 모리아와세

모둠

일본어로 모리아와세란, 한 접시에 여러 가지 음식을 골고루 담은 메뉴를 뜻합니다. 야키토리집에서는 각 부위를 몇 가지 골라 담은 메뉴를 말합니다. 적으면 3~4종, 많으면 10종 정도의 야키토리를 담은 모리아와세 메뉴가 있어요. 부위별로 하나씩 시키기 귀찮거나 사람이 많아 한꺼번에 많이 주문하고 싶을 때 모리아와세를 시키면 편합니다. 보통 모리아와세로 나오는 부위는 '모리아와세 3종 세트(닭 다리 살, 닭 간, 닭 완자)[盛り合わせ3本セット(もも, レバー, つくね)]'와 같이 메뉴판에 적혀 있어요. 따로 적혀 있지 않다면 직원에게 물어보세요.

 〜本 〜홍/봉/퐁

〜개 (꼬치 개수 세는 단위), 〜종

야키토리의 개수를 셀 때 사용합니다. 모리아와세 메뉴에 〜本이라고 적혀 있다면 꼬치의 종류를 세는 걸로 이해하시면 됩니다.

1개	2개	3개	4개	5개
1本 입퐁	2本 니홍	3本 삼봉	4本 용홍	5本 고홍
6개	7개	8개	9개	10개
6本 롭퐁	7本 나나홍	8本 합퐁	9本 큐-홍	10本 줍퐁

먼저 맛보는 현지 회화

A 모둠 닭꼬치 다섯 종 세트를 주세요.

盛り合わせ 5本セットを ください。

모리아와세 고혼셋토오 쿠다사이

A 다 간장 양념구이로 주세요.

全部 タレで お願いします。

젬부 타레데 오네가이시마스

A 닭 다리 살과 닭 간은 간장 양념으로, 그 외는 소금구이로 주세요.

モモと レバーは タレで、それ以外は 塩で お願いします。

모모토 레바-와 타레데, 소레이가이와 시오데 오네가이시마스

A 닭 가슴살 3개는 소금구이로, 닭 껍질 3개는 간장 양념으로 주세요.

ささみを 3本 塩で、皮を 3本 タレで ください。

사사미오 삼봉 시오데, 카와오 삼봉 타레데 쿠다사이

A 간장 양념과 소금구이를 5개씩 주세요.

タレ 5本、塩 5本ずつで お願いします。

타레 고홍, 시오 고혼즈츠데 오네가이시마스

일본 드라마 주인공이 철도 고가 도로 아래에서 야키토리를 먹으며 술 한 잔하는 장면을 봤어요. 분위기가 좋아 보여 한번 가 보고 싶다는 생각이 들었는데, 어디에 그런 가게가 있나요?

도쿄 신바시역과 유라쿠초역 사이 고가 아래에 그런 가게가 아직 남아 있어요. 고가 아래를 일본어로 가–도시타(ガード下)라고 하는데, 도쿄 신바시역 주변에는 이러한 가–도시타 야키토리(닭꼬치)집과 이자카야(술집)가 많이 모여 있습니다. '회사원의 성지'라고 불리는 도쿄 신바시는 서울 을지로나 종로와 비슷한 분위기입니다. 저녁 시간에 가면 퇴근길에 한잔하는 회사원들과 어우러져 야키토리와 술을 즐길 수 있어요.

야키토리집에서 술 없이 야키토리만 주문해도 괜찮나요? 제가 술을 잘 못 마셔서 문제가 없을지 여쭤보고 싶습니다.

저녁 시간엔 야키토리집을 술집처럼 이용하는 손님이 많은 건 사실입니다. 물론 술을 주문하지 않고 음료수와 야키토리만 주문해도 괜찮지만, 혼자만 야키토리와 음료수를 주문하는 건 약간 신경 쓰이기도 하죠. 저도 술을 전혀 못 마시는 사람이라 공감이 됩니다. 만약 술을 잘 마시는 사람과 같이 간다면, 그때 음료수를 주문하면 전혀 문제 없어요. 그러한 상황에서 대부분의 일본인은 우롱차를 주문합니다. 같이 가는 사람 중에 술 마시는 사람이 없다면, 점심시간에도 문을 여는 야키토리집에 가는 것도 하나의 방법이에요. 점심에는 술 없이 야키토리덮밥과 정식을 식사로 먹으러 오는 사람이 많으니 술 주문을 하지 않아도 괜찮습니다. 문제는 점심시간에 문을 여는 야키토리집이 많지 않다는 것인데, 다행히도 최근에는 점심 영업을 하는 야키토리집이 늘어난 편입니다.

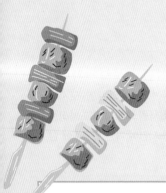

야키토리를 주문할 때 타레(간장 양념)과 시오(소금구이) 중 어느 쪽으로 주문할지 고민됩니다. 어느 쪽을 추천하시나요?

굉장히 어려운 질문이네요. 이건 어디까지나 개인의 취향입니다. 일반적으로 타레를 선택하는 사람 중에는 '진한 맛이 좋으니까', '밥에도 술에도 잘 어울리니까'라는 이유로 고르는 사람이 많은 듯합니다. 시오를 선호하는 사람은 '식재료 본연의 맛이 잘 느껴지니까', '가볍게 먹을 수 있을 것 같아서'라는 이유로 좋아하는 듯해요. 또한 부위에 따라 어울리는 양념이 달라지기도 하니 고민된다면 직원에게 추천을 받는 건 어떨까요? 참고로 저는 개인적으로 레바-(닭 간)나 카와(닭 껍질) 같이 약간 느끼한 부위는 타레로 먹는 걸 좋아합니다. 타레를 바른 레바-나 카와는 밥과 잘 어울리기 때문에 사이드 메뉴인 오니기리(삼각김밥)와 같이 먹는 걸 아주 좋아한답니다.

야키토리집에서 옆에 앉아 있던 현지인들이 먹기 전에 먼저 야키토리를 꼬치에서 다 빼내더라고요. 왜 그렇게 하는 건가요?

야키토리(닭꼬치)를 여럿이서 나눠 먹을 때는 한 입씩 먹기 편하게 꼬치를 미리 빼놓는 것입니다. 물론 한 꼬치를 다 혼자 먹는다면 그렇게 하지 않아도 되지만요. 다른 사람과 나눠 먹을 때 하는 일종의 배려랍니다.

야키토리집 테이블 위에 원기둥 모양의 통이 있던데, 그건 어떤 용도인가요?

그 통은 일본어로 '쿠시이레(串入れ)'라고 하는 야키토리(닭꼬치)에서 뺀 나무 꼬치를 넣는 통입니다. 보통 대나무나 도자기로 만들어져 있어요.

지역마다 특색 있는 야키토리가 있나요?

야키토리(닭꼬치)는 지역마다 큰 차이는 없지만, 약간 독특한 야키토리는 있어요. 일본 규슈(九州) 지방은 양계 산업이 발전한 지역이라서 야키토리집이 많습니다. 특히 후쿠오카현 하카타시의 야키토리가 맛있는 걸로 유명한데, 그중에서도 카와(닭 껍질)가 명물입니다. 꼬치에 닭 목살 부위의 껍질을 빙글빙글 감아 타레(간장 양념)에 담갔다가 굽는 걸 여러 번 반복해서 만드는데 이런 조리 과정은 며칠 정도 걸립니다. 2010년대에 1개 50~100엔 정도 하던 야키토리가 이제는 150~200엔까지 가격이 올랐지만 여전히 싼 편이라 한 번에 10~20개씩이나 주문해 먹는 사람이 많아요.

홋카이도도 맛있는 야키토리집이 많은데, 특히 무로란(室蘭)시가 야키토리로 유명한 지역입니다. 무로란의 야키토리는 돼지고기와 양파에 타레를 바른 꼬치가 나옵니다. 일본어로 '야키토리(焼き鳥)'는 '닭꼬치'라는 뜻인데도 닭고기가 아닌 돼지고기가 나와 다른 지역에서 온 사람들은 놀라곤 하지만, 맛이 좋아 인기가 높습니다. 무로란시에서 돼지고기꼬치가 아닌 닭꼬치를 먹고 싶다면 '토리세-(鶏精)'라는 메뉴를 주문해야 합니다.

PART 8
튀김집에서

屋

한국인 관광객에게 어떤 일본 음식이 가장 맛있는지 물어봤을 때 당연히 스시(초밥)나 라멘일 거라 생각했는데, 튀김이라는 대답이 많아 다소 의외라고 생각했습니다. 일본의 튀김은 한국보다 더 세분화된 음식입니다. 일본에 어떤 튀김이 있고, 각각 어떤 특징이 있는지 제대로 알고 가면 더 맛있게 먹을 수 있을 거예요.

텐푸라, 카츠, 후라이는 다 다른 튀김?

한국에서 튀김은 보통 떡볶이나 순대와 같이 분식집이나 포장마차에서 팔고 어른 아이 할 것 없이 많은 사람들의 사랑을 받는 대중적인 음식이라는 이미지가 있어요. 반면에 일본 템푸라(天ぷら, 튀김)는 한국의 튀김과 생김새는 비슷하지만, 파는 가게나 먹는 방법 등이 다릅니다. 일본 에도 시대에 스시(초밥), 소바(메밀국수)와 나란히 '에도 3대 요리'라고 불릴 만큼 긴 역사를 가지고 있는 텐푸라는 분식집이나 포장마차 같은 곳이 아니라 전문점에서 파는 경우가 많아요. 가격대가 굉장히 다양해서 고급 가게에서 코스 요리로 먹는다면 1인당 만엔을 넘길 정도입니다. 그리고 일본에서는 밥과 같이 먹기도 한다는 점이 한국과 다릅니다. 텐푸라 정식, 텐동(튀김덮밥)은 일본에서 인기가 많은 식사 메뉴이며 우동집이나 소바집에서는 반찬 삼아 먹기도 해요.

갓 튀긴 튀김은
사쿠사쿠(바삭바삭)!

일본에서는 템푸라(天ぷら)와 카라아게(から揚げ)와 같은 튀긴 음식들을 명확히 구별하지만 한국은 튀김 종류를 크게 구분하지 않아 일본의 튀긴 음식들을 구분하기가 어려울 수 있죠. 텐푸라는 주로 새우, 붕장어 등 해산물과 야채를 튀기는 음식으로, 튀김옷과 안에 들어가는 재료에 어떠한 간도 하지 않고 소금이나 텐츠유(맛국물, 간장, 미림 등을 넣고 끓여 만든 소스)에 찍어 먹어요. 집에서 만들 때는 시중에 파는 템푸라코(天ぷら粉: 밀가루에 녹말, 베이킹파우더 등을 적당히 넣은 텐푸라용 튀김 가루)를 사용해 만들 수 있는데, 이렇게 만든 텐푸라는 튀김옷이 두껍고 색이 연합니다.

카라아게(唐揚げ·から揚げ)는 튀기기 전에 양념에 절였다가 튀기기 때문에 간이 되어 있어 아무것도 찍지 않고 먹어도 괜찮습니다. 그리고 튀김옷이 텐푸라보다 약간 얇으며 색이 진한 편입니다. 안에 들어가는 재료는 가끔 가자미 등

의 생선을 쓰기도 하지만 기본적으로는 닭고기를 씁니다. 일본에서 텐푸라와 돈카츠 못지 않게 인기가 많은데, 특히 밥반찬으로 인기가 많아 '카라아게 정식'은 일본 식당에서 자주 볼 수 있는 메뉴입니다.

일본 튀김 하면 돈카츠를 비롯한 '카츠'도 빼놓을 수 없습니다. 일본어 '카츠(かつ/カツ)'는 서양식 튀김인 커틀릿(cŏtelette, cŏte)에서 유래된 말로, 일본에서 현지화되면서 주로 고기 튀김을 가리키게 되었습니다. 최근 한국에 일본식 돈카츠집이 늘어나긴 했지만 고기, 튀김옷, 튀기는 방법 등이 달라 일본 현지에서만 느낄 수 있는 매력이 있습니다. 돈카츠뿐만 아니라 일본인이 평소에 자주 먹는 카츠인 멘치카츠, 치킨카츠, 하무(햄)카츠, 비후(소고기)카츠 등 다양한 카츠 요리를 드셔 보셨으면 좋겠어요.

개인적으로 에비후라이(새우튀김)이나 카키후라이(굴튀김), 아지후라이(전갱이 튀김) 등도 꼭 추천하고 싶은 일본 튀김입니다. 이런 후라이(フライ)는 튀김옷이 텐푸라보다 카츠에 가까운 게 특징이에요. 이 파트에서는 일본이 자랑하는 텐푸라, 카츠, 후라이를 종류별로 자세히 소개하겠습니다.

메뉴판 일본어

揚げたてサクサク
아게타테 사쿠사쿠

天ぷらメニュー
템푸라 메뉴

定食 테-쇼쿠
ご飯・みそ汁・漬物
고항/미소시루/츠케모노
+300円

魚介類 교카이루이

1. エビ・海老 에비
2. いか・イカ 이카
3. タコ・蛸 타코 名物 메-부츠
4. キス・鱚 키스
5. アナゴ・穴子 아나고

野菜類 야사이루이

店長 텐쵸-
おすすめ 오스스메

6. かぼちゃ 카보챠
7. さつまいも 사츠마이모
8. れんこん・蓮根 렝콩
9. ししとう 시시토-
10. なす・茄子 나스
11. しいたけ・椎茸 시-타케
12. まいたけ・舞茸 마이타케

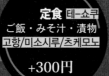

その他 소노타

13. とり天・鶏天 토리텡
14. かき揚げ 카키아게
15. ちくわ・竹輪 치쿠와
16. 半熟玉子 한쥬쿠타마고
17. のり・海苔 노리
18. ５種盛り合わせ 고슈모리아와세
19. 天丼 텐동
20. 天ぷら定食 템푸라테-쇼쿠

갓 튀겨 바삭바삭한

튀김 메뉴

어패류

1. 새우
2. 오징어
3. 문어
4. 보리멸
5. 붕장어

시그니처

정식
밥·된장국·채소 절임
+300엔

채소류

점장 추천

6. 단호박
7. 고구마
8. 연근
9. 꽈리고추
10. 가지
11. 표고버섯
12. 잎새버섯

기타

13. 닭고기튀김
14. 해산물채소튀김
15. 봉 모양 어묵
16. 반숙 계란
17. 김
18. 5종모둠튀김
19. 튀김덮밥
20. 튀김 정식

カツメニュー
카츠메뉴-

025
mp3

とんかつ
통카츠

⏰ 11:00~14:00

お得な ランチメニュー
오토쿠나 란치메뉴-

1 ロースかつ 로-스카츠
2 ヒレかつ 히레카츠
3 リブロースかつ 리브로-스카츠
4 肩ロースかつ 카타로-스카츠
5 チキンかつ 치킨카츠

6 かつ丼 카츠동
7 ロースかつ定食 로-스카츠테-쇼쿠
8 ヒレかつ定食 히레카츠테-쇼쿠

サイドメニュー 사이도메뉴-

数量限定 스-료- 겐테-

9 エビフライ 에비후라이
10 カキフライ 카키후라이
11 アジフライ 아지후라이
12 ミックスフライ 믹쿠스후라이
13 コロッケ 코롯케
14 唐揚げ 카라아게

15 チキン南蛮 치킨남방
16 メンチカツ 멘치카츠
17 ビフカツ 비후카츠
18 牛カツ 규-카츠

오카와리 지유-! おかわり自由!

ご飯 고항

キャベツ 캬베츠

튀김 메뉴

돈카츠

⏰ 11:00~14:00

1. 등심돈카츠
2. 안심돈카츠
3. 상등심돈카츠
4. 목살돈카츠
5. 치킨카츠

가성비 좋은 점심 메뉴

6. 돈카츠덮밥
7. 등심돈카츠 정식
8. 안심돈카츠 정식

사이드 메뉴

9. 새우튀김
10. 굴튀김
11. 전갱이튀김
12. 모둠튀김
13. 크로켓
14. 가라아게(닭튀김)

15. 치킨난반(닭튀김)
16. 민스커틀릿(고기완자튀김)
17. 소고기튀김
18. 규카츠(소고기튀김)

리필 무료!

공깃밥

양배추샐러드

串カツメニュー

026 mp3

肉類 니쿠루이

1. **牛** 규-/우시
2. **豚** 부타 **おすすめ** 오스스메
3. **豚バラ** 부타바라
4. **豚ヒレ** 부타히레
5. **ささみ・ササミ** 사사미
6. **レバー** 레바-
7. **ウィンナー** 윈나-
8. **ハムカツ** 하무카츠

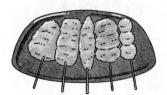

その他 소노타

9. **紅しょうが・紅生姜** 베니쇼-가
10. **うずら** 우즈라
11. **アスパラ(ガス)** 아스파라(가스)
12. **玉ねぎ** 타마네기
13. **にんにく** 닌니쿠
14. **じゃがいも** 쟈가이모
15. **やまいも・山芋** 야마이모
16. **チーズ** 치-즈
17. **もち** 모치

お得! 오토쿠! 串カツ 5本盛り 쿠시카츠 고홈모리

① **豚** 부타・**豚ヒレ** 부타히레・**うずら** 우즈라
チーズ 치-즈・**じゃがいも** 쟈가이모

② **牛** 우시・**豚バラ** 부타바라・**ウィンナー** 윈나-
玉ねぎ 타마네기・**もち** 모치

튀김꼬치 메뉴

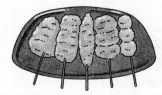

고기류

1 소고기

2 돼지고기 추천메뉴

3 삼겹살

4 돼지 안심

5 닭 가슴살

6 간

7 비엔나소시지

8 햄튀김, 햄가스

기타

9 초생강

10 메추리알

11 아스파라거스

12 양파

13 마늘

14 감자

15 마

16 치즈

17 떡

알뜰메뉴 5종 모둠꼬치튀김

① 돼지고기 · 돼지 안심 · 메추리알
   치즈 · 감자

② 소고기 · 삼겹살 · 비엔나소시지
   양파 · 떡

현지인처럼 여행하기 Tip

～天 ～텡

~튀김

해산물, 야채 등의 재료 뒤에 '~텡(～天)'이라는 말을 붙이면 '~튀김(텐푸라)'이라는 뜻이 됩니다. 예를 들어 새우튀김은 에비텡(エビ天)이라 하고 어묵튀김은 치쿠와텡(ちくわ天)이라 표현합니다.

とり天・鶏天 토리텡

닭고기튀김

텐푸라 재료는 해산물과 야채를 주로 쓰기 때문에 육고기는 거의 없고 일부 점포에서 닭고기를 사용하는 정도입니다. 다만, 닭고기를 잘 먹는 일본 규슈 지방에서는 닭고기튀김이 명물이라 흔히 볼 수 있어요.

かき揚げ 카키아게

해산물채소튀김

작게 자른 어패류와 양파 등의 야채를 튀긴 텐푸라(튀김)로, 단품으로도 먹지만 텐동(튀김덮밥)이나 소바(메밀국수), 우동에 얹어 먹는 경우도 많아요.

とん汁・豚汁 톤지루

돼지고기된장국

보통 일본 식당에서는 미소시루(일본식 된장국)가 나오는데, 본래 미소시루에는 미역이나 두부 등을 넣고 고기는 별로 넣지 않아요. 하지만, 돈카츠집에서는 미소시루 대신 돼지고기가 들어 있는 톤지루를 제공하기도 합니다.

上・特上・特選 조-/토쿠죠-/토쿠셍

상/특상/특선

돈카츠집에서 고기의 육질 등의 등급을 나타내는 상(上)・특상(特上)・특선(特選)을 메뉴판에 쓰기도 합니다. 토쿠죠-(特上)와 토쿠셍(特選)은 어느 쪽이 더 높은 등급인지 정해진 건 없고 가게마다 표현 방식이 다를 뿐입니다.

エビフライ 에비후라이

새우튀김

돈카츠집이나 양식집에서의 메뉴로 볼 수 있는 에비후라이는 한국 새우튀김보다 새우가 큰 편이고 튀김옷은 돈카츠처럼 바삭합니다. 돈카츠 소스를 뿌려 먹기도 하며 새우튀김 역시 밥반찬으로 먹곤 해요.

 カキフライ 카키후라이

굴튀김

돈카츠집이나 양식집에서 기간 한정 메뉴(11월~3월쯤)로 파는 메뉴로, 한국 굴튀김보다 굴이 큰 편이며 튀김옷은 돈카츠처럼 바삭합니다. 정식으로 먹을 때는 4~6개의 카키후라이가 나오는데, 각각의 크기가 커서 충분히 만족할 수 있는 양입니다.

 アジフライ 아지후라이

전갱이튀김

전갱이는 일본에서 일 년 내내 즐겨 먹는 대중적인 생선으로, 사시미(회)나 건어물 등으로 먹는데 특히나 튀김이 인기가 좋습니다. 생선 꼬리를 자르지 않고 배만 갈라 세모난 모양으로 튀겨 그 생김새가 특이한 것이 특징이에요.

 ミックスフライ 믹쿠스후라이

모둠튀김

돈카츠집이나 양식집에서 각종 튀김(에비후라이, 카키후라이, 아지후라이, 카라아게 등)을 골고루 모아서 파는 메뉴입니다.

 メンチカツ 멘치카츠

민스커틀릿(고기완자튀김)

돈카츠집이나 양식집에서 파는 메뉴로, 다진 소고기나 돼지고기에 잘게 다진 양파와 소금, 후추 등을 넣고 둥글게 반죽한 다음 튀겨서 만듭니다. 마치 햄버그스테이크를 튀겨 놓은 느낌이에요.

 コロッケ 코록케

크로켓

한국 빵집에서 파는 튀긴 빵 같은 느낌의 크로켓과는 다른 모습으로, 으깬 감자에 밀가루, 빵가루, 달걀을 섞어 만든 얇은 튀김옷을 입혀 튀겨낸 튀김이에요. 속 재료는 감자 외에 고기나 채소, 해산물, 카레 등 여러 종류가 들어가는데 그중 게살과 크림소스가 들어간 '카니크리-무코록케(カニクリームコロッケ)'가 인기가 많습니다.

から揚げ・唐揚げ 카라아게

닭튀김

닭을 미리 마늘, 생강, 간장으로 양념을 한 뒤 튀김옷을 입혀 튀긴 음식으로, 텐푸라에 비해 튀김옷이 얇고 진한 갈색을 띕니다. 가끔 가자미 같은 생선으로 만들기도 하지만, 대부분 닭고기로 만들어요. 일본에서 텐푸라와 돈카츠 못지 않게 인기가 많은데, 특히 밥반찬으로 인기가 많아 카라아게 정식은 일본 식당에서 자주 볼 수 있는 메뉴입니다.

 ## チキン南蛮 치킨남방

타르타르소스를 뿌린 닭튀김

타르타르소스와 새콤달콤한 식초 소스를 뿌려 먹는 닭튀김입니다. 닭튀김은 가게마다 스타일은 다르지만 카라아게나 치킨카츠에 가깝게 만들며 튀김 자체에는 간이 되어 있지 않은 것이 특징입니다. 일본 미야자키현의 향토음식으로, 다른 튀김 요리만큼 잘 알려져 있진 않지만 미야자키현을 방문할 기회가 있다면 먹어 볼 만한 튀김 요리입니다.

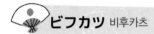 ## ビフカツ 비후카츠

소고기카츠(튀김)

일본 오사카의 이웃 도시인 효고현 고베시의 명물 중 하나로, 소고기튀김에 데미글라스 소스를 뿌려 먹습니다. 항구 도시 고베는 서양 문화를 먼저 받아들인 지역이었기 때문에 커틀릿(서양식 소고기튀김)과 비슷한 비후카츠가 만들어질 수 있었죠. 참고로 간사이 지방 이외의 양식집에서는 비후카츠를 보기 어려우며 여기서 말하는 고베식 비후카츠는 한국인 관광객이 좋아하는 규카츠와 엄연히 다른 음식이에요.

 ## 牛カツ 규-카츠

규카츠, 소고기튀김

일본에서 먹고 싶은 음식 중 하나로 규카츠를 얘기하는 한국인을 많이 보았어요. 한때는 규카츠 맛집 앞에 줄 서는 사람이 한국인밖에 없었을 정도로 한국인에게 인기가 많죠. 맛집을 추천해 달라는 말을 많이 듣곤 했었는데, 실은 저를 비롯한 대부분의 일본인은 규카츠를 먹어 본 적이 없습니다. 한국인에게 유명한 일본의 규카츠 체인점들은 전부 2014년 이후에 생긴 가게로, 규카츠집에 찾아온 일본인 중 3분의 2가 처음 먹어 봤다고 말할 정도예요. 여행에서 드신다면 적어도 규카츠가 전통 일식은 아니라는 점을 알고 드셔 보셨으면 좋겠습니다. 참고로 규카츠는 거의 익히지 않은 레어에 가까운 상태로 나오니 와사비 간장을 찍어 먹거나 취향에 맞게 더 익혀 먹으면 된답니다.

串カツ 쿠시카츠

일본식 꼬치튀김

쿠시카츠는 고기, 해산물, 야채 등을 꼬치에 꿰어 튀긴 요리로, 튀김옷은 돈카츠와 같습니다. 튀기는 해산물이나 야채의 종류는 텐푸라집에서 파는 것과 대부분 같지만, 쿠시카츠집에서는 텐푸라집과 달리 소고기, 돼지고기 등도 팔아요. 쿠시카츠는 오사카 명물로 잘 알려져 있는데, 오사카 신세카이 (新世界) 거리에는 많은 쿠시카츠 전문점이 있습니다. 일본 전국적으로도 사랑받는 음식이라 체인 점에서도 흔히 볼 수 있어요. 비슷한 음식으로 쿠시아게(串揚げ)라는 것이 있는데, 쿠시아게는 주로 도쿄에서 볼 수 있으며 주재료인 돼지고기와 양파 등을 같이 튀겨 만듭니다. 쿠시아게보다 쿠시카 츠가 종류가 더 다양해 취향에 맞게 고르는 재미가 있어요.

天つゆ・塩 텐츠유/시오

튀김용 간장 소스/소금

보통 텐푸라(튀김)집에서는 찍어 먹는 조미료로 소금과 텐츠유(맛국물, 간장, 미림 등을 넣고 끓여 만든 소스)를 줍니다. 소금은 말차 소금, 카레 소금을 같이 주기도 해요. 텐츠유는 살짝 데워 무즙을 좀 넣어 주기도 하는데 만약 텐츠유가 없다면 달라고 요청하면 됩니다. 소금과 텐츠유 중 어디에 찍 는 것이 좋은지는 딱히 정답이 없으니 취향에 맞게 고르면 되는데 바삭한 튀김옷을 그대로 즐기고 싶다면 소금을, 간장 맛을 좋아한다면 텐츠유에 찍어 드셔 보세요. 텐푸라는 기본적으로 재료 본래 의 맛을 즐기는 음식이라 소금도 텐츠유도 너무 푹 찍지 않는 게 좋다고 합니다. 스다치(すだち, 유 자보다 작은 일본 감귤의 일종)가 곁들여 나올 수도 있어요. 상큼하게 먹어 보고 싶다면 같이 나온 스다치를 짜서 드셔 보세요.

キャベツの おかわり 캬베츠노 오카와리

양배추(샐러드) 리필

돈카츠를 채 썬 양배추샐러드와 같이 먹어야 맛있다고 생각하는 사람이 많아 먹다가 부족하면 더 달라고 하는 사람도 있습니다. 예전에는 공짜로 그냥 주는 돈카츠집이 많았지만, 최근에는 물가 상 승으로 인해 유료(100~200엔)로 파는 가게가 늘어났습니다. 쿠시카츠(꼬치튀김)집에서는 기본 무 료 반찬으로 생 양배추가 나오는데, 채썰지 않고 적당한 크기로 잘라 나오며 대부분 리필도 가능합 니다. 느끼한 카츠(튀김)를 먹을 때 입 안을 상큼하게 해 주는 역할을 해요. 여담이지만, 일본 돈카츠 집이나 쿠시카츠집에 간 한국인 관광객 중에는 일본 양배추가 달아서 놀라는 사람이 많은 듯해요. 그만큼 맛있는 양배추가 있으니 일본에 와서 양배추를 먹어 보는 것도 기대해 주세요.

マヨネーズ・レモン 마요네-즈/레몽

마요네즈/레몬(즙)

카라아게(닭튀김)는 간이 잘 되어 있어서 아무것도 찍지 않고 그대로 먹으면 되지만, 일본인 중에는 마요네즈에 찍어 먹는 걸 좋아하는 사람도 있어요. 일본인들은 마요네즈를 무척 좋아해서 카라아게 뿐만 아니라 다양한 요리와 함께 먹곤 합니다. 그중 특히 카라아게는 마요네즈와 잘 어울리는 걸로 알려져 있어요. 또, 다소 느끼한 카라아게를 상큼하게 먹기 위해 레몬즙을 짜서 먹기도 해요. 하지만, 레몬즙을 짜 먹는 방법은 호불호가 갈려서 일본에서는 여럿이서 카라아게를 먹을 때 레몬즙을 짜도 되는지 미리 확인하는 것이 일종의 매너라고 생각하는 사람도 있을 정도랍니다.

二度漬け禁止 니도즈케킨시

(소스에) 두 번 찍기 금지

니도즈케킨시는 쿠시카츠(일본식 꼬치튀김)를 소스에 두 번 이상 찍지 말라는 의미입니다. 쿠시카츠집에 놓여 있는 소스 통은 공용이기 때문에 여러 명이 함께 사용하는 통에 침이 묻은 꼬치를 다시 넣으면 위생상 문제가 생겨 소스는 먹기 전에 한 번만 찍을 수 있어요. 혹시 먹다가 소스가 부족하다고 느껴진다면 공짜로 주는 양배추로 소스를 떠서 쿠시카츠에 뿌려 먹으면 됩니다.

A 새우 두 개랑 붕장어, 호박, 표고버섯을 한 개씩 주세요.

エビを ２本、穴子、かぼちゃ、しいたけを ひとつずつ ください。

에비오 니홍, 아나고, 카보챠, 시이타케오 히토츠즈츠 쿠다사이

 텐푸라(天ぷら, 튀김)집에서 쓸 수 있는 표현입니다.

A 모둠 튀김 5종 세트를 주세요.

天ぷら５本盛り合わせを ください。

텐푸라고홈모리아와세오 쿠다사이

A 튀김 정식과 보리멸과 반숙 계란 튀김을 단품으로 주세요.

天ぷら定食に、単品で キスと 半熟玉子天を 追加で ください。

텐푸라테-쇼쿠니, 탐핀데 키스토 한쥬쿠타마고텡오 츠이카데 쿠다사이

A 등심돈카츠 정식과 안심돈카츠 정식을 두 개씩 주세요.

ロースかつ定食と ヒレかつ定食を ふたつずつ ください。

로-스카츠테-쇼쿠토 히레카츠테-쇼쿠오 후타츠즈츠 쿠다사이

A 그거랑 치킨카츠를 단품으로 주세요.

それと チキンかつを 単品で お願いします。

소레토 치킨카츠오 탐핀데 오네가이시마스

A 돈카츠덮밥과 돼지고기된장국을 주세요.

かつ丼と 豚汁を ください。

카츠돈토 톤지루오 쿠다사이

A 저기요, (튀김 찍어 먹는) 간장 소스를 주시겠어요?

すみません、天つゆを もらえますか?

스미마셍, 텐츠유오 모라에마스카?

A 양배추(샐러드)를 더 주세요.

キャベツの おかわりを お願いします。

캬베츠노 오카와리오 오네가이시마스

A 레몬즙을 닭튀김에 뿌려도 될까요?

レモンを から揚げに かけても いいですか?

레몽오 카라아게니 카케테모 이이데스카?

한국에서는 텐동(튀김덮밥)처럼 튀김을 밥과 함께 먹는 것이 어색하게 느껴지는데요, 일본에서는 흔한 일인가요?

네, 앞서 소개한 모든 일본의 튀김(텐푸라, 카츠, 후라이)은 다 밥과 함께 잘 먹습니다. 텐동(튀김덮밥), 텐무스(天むす, 튀김삼각김밥), 카라아게(닭튀김) 정식, 크로켓 정식 등 튀김과 밥이 같이 나오는 메뉴는 일본에서 아주 흔하답니다. 일본에서 식사의 주인공은 밥이라 튀김을 비롯한 모든 요리(반찬)는 밥을 맛있게 먹기 위해 존재한다고 해도 과언이 아닙니다. 그래서 튀김도 밥과 같이 잘 먹는 것이지요.

일본에는 지역마다 대표적인 튀김이 있나요?

일본 후쿠오카현 하카타시에는 대중적인 텐푸라(튀김)집이 많습니다. 하카타식 텐푸라집은 라멘집처럼 카운터석으로 자리가 배치되어 있으며 주문하면 밥과 미소시루(된장국), 텐츠유(간장 소스), 소금 등이 먼저 나온 뒤, 튀김이 1~2개씩 나옵니다. 한꺼번에 다 나오지 않는 건 갓 튀긴 텐푸라를 천천히 즐기기 위함이에요. 오마카세 스시집처럼 같은 시간에 들어온 다른 손님들과 타이밍을 맞춰서 순서대로 제공하는 시스템입니다. 토리텡(とり天, 닭고기튀김)은 닭고기를 잘 먹는 일본 규슈 지방에서 유명하니 혹시 방문할 기회가 있다면 꼭 드셔 보세요. 그리고 일본 규슈 지방 미야자키현의 향토 요리인 치킨난반은 치킨을 좋아하는 한국인 입맛에 잘 맞지 않을까 생각합니다. 실은 제가 개인적으로 특히 좋아하는 음식이기도 합니다.

돈카츠에는 어떤 종류가 있나요?

부위별로 분류하자면 로-스(등심)와 히레(안심)로 나뉘어져 있습니다. 로스카츠는 특히 비계가 많은 부위를 자주 쓰는데, 일본에서 로스카츠는 비계가 제대로 붙어 있어야 맛있다는 인식이 있기 때문입니다. 한국 경양식 돈가스처럼 비계를 잘라 만드는 것과는 차이가 있어요. 종류로 구분하자면 일반적으로 잘 알고 있는 돈카츠 외에 저온(100~150도)에서 튀기는 돈카츠가 있는데, 튀김옷이 하얗게 보이기 때문에 일본어로 하얀 돈카츠를 뜻하는 시로이통카츠(白いとんかつ)라고 부르기도 합니다. 육질이 훨씬 부드럽고 식감이 좋은데, 일반적인 돈카츠보다 튀기는 시간이 길어 음식이 나올 때까지 상당한 시간이 걸립니다. 그래서 객석 회전율이 떨어져 오래 기다려야 하거나 100% 예약제로만 운영하는 가게가 많아요. 2010년대 이후에는 메이가라부타통카츠(銘柄豚とんかつ, 브랜드 돼지고기 돈카츠)라고 불리는 돈카츠가 인기를 모았습니다. 일본에는 400종 이상의 브랜드 돼지고기가 있다고 하는데, 사육 단계에서부터 좋은 먹이를 주고 잘 관리하며 정성껏 키운 돼지이기 때문에 육질이 좋고 비계까지 달콤합니다. 이런 브랜드 돼지고기 돈카츠는 돈가스 소스 말고 암염이나 천연해염 같은 소금에 찍어 먹곤 합니다. 유통량이 적은 브랜드 돼지고기 같은 경우는 가격이 비싸질 수 밖에 없어요. 일반적인 돈카츠는 대부분 천 엔대 초반이지만, 브랜드 돼지고기로 만든 돈카츠는 고기의 가격이 비싸기 때문에 돈카츠 가격도 비싸 2,000~4,000엔 정도입니다. 브랜드 돼지고기 돈카츠를 좋아하는 일본인은 돼지고기 이름을 보고 '여기는 林SPF(하야시SPF, 특정 악성 균이 없는 돼지고기)를 사용하는구나'라면서 고기의 특징을 파악해 가게를 고르는 기준으로 생각하기도 한답니다.

분식집에서

일본어 코나모노는 주로 타코야키, 오코노미야키, 몬쟈야키 등 밀가루를 주재료로 사용하는 음식을 가리키며 폭넓게는 우동이나 군만두, 찐빵까지 포함하기도 합니다. 일본에서는 한국처럼 한 곳에서 다양한 분식과 식사를 같이 팔지 않고 타코야키는 타코야키집, 오코노미야키는 오코노미야키집에서만 팔지요. 여기서는 일본의 대표적인 코나모노인 타코야키, 오코노미야키, 몬쟈야키에 대해서 소개합니다.

![scallop decoration]

동글동글하게 때로는 촉촉하게
구워 먹어요,
일본의 코나모노

분식(粉食)은 '분말로 만든 음식'이란 뜻으로, 특히 밀가루로 만든 음식을 지칭합니다. 한국 분식집은 떡볶이, 만두, 어묵, 라면은 물론 김밥이나 순대까지 같이 파는 곳이 많지요. 밀가루로 만들어진 음식뿐만 아니라 간단한 식사까지 종합적으로 판매하는 게 한국식 분식인 듯합니다.

일본의 코나모노(粉もの, 분식) 중에서 제일 유명한 음식은 타코야키(たこ焼き)죠. 일본어로 '타코(たこ)'는 '문어', '야키(焼き)'는 '구이'를 뜻하는데, 타코야키는 밀가루 반죽에 문어를 넣어 지름 3~5cm 정도의 구슬 모양으로 구워서 만든 음식입니다. 위에 파래가루, 가다랑어포, 소스를 뿌리는 것이 정석이며 취향에 맞게 마요네즈에 찍어 먹기도 해요. 일본에서 마츠리(축제)가 열릴 때 타코야키를 파는 노점을 볼 수 있으며, 전문점에서 팔기도 합니다. 옛날에는

약한 불에서 콕콕
뒤집어가며 익히면
타코야키 완성!

안에 문어가 아닌 고기를 넣는 형태가 많았다고 해요. 그러다 1930년대에 들어 오사카의 한 가게에서 타코(문어)를 넣어 팔게 되면서 현재의 타코야키가 되었 답니다. 이제는 오사카를 대표하는 음식이라고 해도 과언이 아닐 만큼 명실상 부 오사카의 명물이 되었죠.

한국에서 타코야키를 자주 먹어 본 사람이 일본에서 타코야키를 먹어 보고는 '타코야키 반죽 속이 덜 익었다'며 당황하는 경우가 있는데, 이건 덜 익은 것이 아니에요. 한일 양국의 타코야키 스타일 차이에서 온 오해인 듯싶습니다. 일본 인은 사시미(회)든 고기든 전반적으로 '부드럽고 촉촉한 식감'을 선호하는 편 이에요. 타코야키 역시 반죽 속이 부드럽고 촉촉한 걸 좋아하니 일부러 그렇게 만드는 겁니다. 반죽이 살살 녹는 듯한 느낌으로 익은 타코야키는 속이 매우 뜨거워서 한입에 쏙 넣으면 화상을 입을 수 있으니 조금씩 조심스럽게 드시는 걸 추천합니다. 여담이지만, 오사카 사람 중에는 뜨거운 타코야키를 아무렇지도 않게 그냥 한입에 먹는 사람도 있는데요, 익숙하지 않은 사람은 절대 따라 하면 안 됩니다.

오코노미야키(お好み焼き)는 밀가루 반죽에 양배추와 고기, 해산물 등의 각종 재료를 넣고 구워 먹는 요리로, 한국 부침개와 비슷한 음식이에요. 안에 야키소바(볶음면)면이나 우동 면을 넣기도 해요. 기본적으로 파래가루, 가다랑어포, 오코노미야키 소스를 뿌려 먹는데, 취향에 맞게 마요네즈를 찍어 드셔도 됩니다. 오코노미야키집은 카운터석 앞에 큰 철판이 있어 철판구이집처럼 직원이 눈앞에서 구워 주는 모습을 즐길 수 있습니다. 마치 하나의 쇼와 같이 화려해서 음식이 나올 때까지 그 모습을 보는 것도 재미있어요. 오코노미야키는 일본 어딜 가도 흔히 볼 수 있는데, 사실 오코노미야키는 일본 오사카와 히로시마, 이 두 지역의 명물 요리입니다. 두 지역의 만드는 방법에는 차이가 있어요. 오사카식은 밀가루 반죽에 맛국물, 달걀, 채 썬 양배추, 고기나 해산물 등 모든 재료를 섞은 다음 굽는 것이 특징입니다. 부드러운 식감을 위해 반죽에 마를 갈아 넣기도 해요. 히로시마식은 먼저 밀가루 반죽을 마치 크레이프처럼 동그란 모양으로 얇게 굽고 그 위에 양배추, 고기나 해산물, 면 등을 얹습니다. 그러다 따로 얇게 구운 달걀을 그 위에 덮어 속 재료를 찌듯이 구워요. 히로시마식 오코노미야키집에서는 소바(そば)와 우동(うどん) 중 한 가지 면을 토핑으로 넣는 것이 기본입니다. 여기서 소바는 메밀국수가 아닌 일본 야키소바에 쓰이는 중화면이에요. 오사카식은 미리 반죽에 모든 재료를 다 섞어서 굽는다면, 히로시마식은 철판 위에서 재료를 층층이 쌓으면서 굽는 것이 특징이에요. 굽는 방법에 차이가 있기 때문에 식감도 서로 다르답니다. 참고로 오코노미야키집은 일본 서쪽 지방(오사카가 위치하는 간사이 지방, 히로시마가 위치하는 주고쿠 지방)에 많습니다. 특히 히로시마는 인구당 오코노미야키집 수가 다른 지역보다 압도적으로 많아 편의점 수보다 오코노미야키집 수가 더 많은 지역이랍니다.

도쿄의 지역 음식으로 알려져 있는 몬쟈야키(もんじゃ焼き)는 물에 푼 밀가루와 잘게 자른 재료들을 철판에 구워 먹는 음식입니다. '도쿄식 오코노미야키'라고 부르는 사람도 있지만, 조리법도 모양도 오코노미야키와는 달라요. 넣는 재료는 비슷하지만 오코노미야키보다 반죽이 묽으며, 우스터소스 등의 조미료를 반죽에 같이 넣어 굽습니다. 그래서 오코노미야키처럼 바삭하지 않고, 겉모습이 흐물흐물하니 참 독특합니다. 오사카와 히로시마에서 오코노미야키가 많은 사랑을 받는 음식인 것처럼 도쿄에서는 몬쟈야키가 비슷한 위치에 있다고 생각하는 사람이 있을지도 모르지만, 실은 그렇지는 않습니다. 대부분의 몬쟈야키집이 도쿄 츠키시마(月島)나 아사쿠사에 몰려 있어 도쿄 사람들이 평소에 자주 먹는 음식은 아니거든요. 저는 도쿄 토박이지만, 몬쟈야키보다는 오히려 오코노미야키를 더 자주 먹습니다. 제가 들은 얘기로는 1970년쯤까지는 문방구에서 몬쟈야키를 팔아 어린이들이 간식으로 사 먹었다고 하지만, 이제는 문방구에서도 볼 수 없고 전문점에 가야만 먹을 수 있는 보기 드문 음식이 되었습니다. 참고로 일본에 오코노미야키집은 1만 곳 이상 있지만, 몬쟈야키집은 400곳 정도밖에 없답니다.

028
mp3

たこ焼きメニュー
타코야키 메뉴

素焼き
스야키

| 8個入り | 552円 (税込) |

ネギたこ焼き
네기타코야키

| 8個入り | 680円 (税込) |

定番
테-방

チーズたこ焼き
치-즈타코야키

| 8個入り | 700円 (税込) |

人気
NO.1
닝키

明太マヨたこ焼き
멘타이마요타코야키

| 8個入り | 700円 (税込) |

出汁たこ焼き
다시타코야키

| 6個入り | 385円 (税込) |

ポン酢たこ焼き
폰즈타코야키

| 6個入り | 324円 (税込) |

明石焼き
아카시야키

| 8個入り | 552円 (税込) |

たこせん
타코셍

| 2個入り | 600円 (税込) |

테이쿠아우토

テイクアウト OK！

182

타코야키 메뉴

토핑 없는 타코야키

8개입 **552엔** (세금포함)

파타코야키

8개입 **680엔** (세금포함)

대표
메뉴

치즈타코야키

8개입 **700엔** (세금포함)

인기
NO.1

명란마요타코야키

8개입 **700엔** (세금포함)

맛국물타코야키

6개입 **385엔** (세금포함)

새콤한 감귤류
간장 소스 타코야키

6개입 **324엔** (세금포함)

효고식 타코야키

8개입 **552엔** (세금포함)

새우전병 타코야키

2개입 **600엔** (세금포함)

포장 가능!

お好み焼き
オコノミ야키

ミニ 미니
普通 후츠-

1 ぶた玉・豚玉 부타타마
2 豚玉チーズ 부타타마치-즈
3 豚玉キムチ 부타타마키무치
4 すじ焼 스지야키　ミニ　普通
5 いか玉 이카타마
6 たこ玉 타코타마
7 えび玉 에비타마
8 かき玉 카키타마　ミニ　普通
9 もち 모치
10 ミックス焼 믹크스야키
11 モダン焼き 모당야키

追加トッピング
츠이카톱핑그

1 いか 이카
2 えび 에비
3 ねぎ 네기
4 チーズ 치-즈
5 コーン 코-옹
6 もち 모치

콩게츠겐테-
今月限定
全部
150円!
젬부
하쿠고쥬-엥!

サイドメニュー
사이도메뉴-

12 とんぺい焼き・
豚平焼き 톰페이야키
13 オムそば 오무소바
14 焼きそば 야키소바

無料
トッピング 무료-톱핑그

1 青のり 아오노리
2 紅しょうが 베니쇼-가
3 お好みソース 오코노미소-스
4 マヨネーズ 마요네-즈

오코노미야키

미니
보통

1 돼지고기 오코노미야키
2 돼지고기치즈 오코노미야키
3 돼지고기김치 오코노미야키
4 소힘줄 오코노미야키 미니 보통
5 오징어 오코노미야키
6 문어 오코노미야키
7 새우 오코노미야키
8 굴 오코노미야키 미니 보통
9 떡 오코노미야키
10 고기 해산물 믹스 오코노미야키
11 오사카식 중화면 오코노미야키

추가 토핑

1 오징어
2 새우
3 파
4 치즈
5 옥수수, 스위트콘
6 떡

이달 한정
전부
150엔!

사이드 메뉴

12 오사카식 계란말이
13 계란말이 야키소바
14 볶음면

무료
토핑

1 파래김가루
2 초생강
3 오코노미야키 소스
4 마요네즈

もんじゃ焼き 몬쟈야키

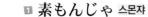

おすすめ
오스
스메

1 素もんじゃ 스몬쟈

2 明太もんじゃ 멘타이몬쟈

3 明太もちチーズもんじゃ
멘타이모치치―즈몬쟈

4 キムチもんじゃ 키무치몬쟈

5 カレーもんじゃ 카레―몬쟈

6 コーンもんじゃ 코―옹몬쟈

7 ベビースターもんじゃ
베비―스타―몬쟈

8 海鮮もんじゃ 카이셈몬쟈

追加トッピング 츠이카톱핑그

9 ベビースター 베비―스타―

10 玉子 타마고

11 キムチ 키무치

12 そば 소바

13 もち 모치

14 コーン 코―옹

15 チーズ 치―즈

16 豚 부타

17 いか 이카

18 たこ 타코

19 えび 에비

20 明太子 멘타이코

몬쟈야키

추가 토핑

～玉 타마

계란이 들어간 오코노미야키

오코노미야키 메뉴판에는 부타타마(豚玉), 이카타마(いか玉)처럼 주재료 뒤에 타마(玉)라는 글자가 쓰여 있는데, 이 글자는 타마고(玉子, 계란)에서 왔습니다. 많은 사람들이 오코노미야키를 먹게 된 건 전쟁 이후로, 당시 계란은 귀한 재료였기 때문에 계란을 넣은 요리는 좋은 것이라는 인식이 있었습니다. 오코노미야키에도 계란이 들어가는데, 그 사실을 어필하기 위해 메뉴에 「○○玉(타마)」라고 쓰게 된 것입니다.

ヘラ 헤라

작은 철 주걱

오코노미야키나 몬쟈야키를 먹을 때는 젓가락이 아니라 작은 철 주걱 '헤라(ヘラ)'를 사용해 잘라 먹어요. 철판에 완성된 오코노미야키는 철판 위에 그대로 두고 먹는데 그 때 헤라(주걱)를 사용하면 편합니다. 헤라로 먹기 불편하다면 따로 접시에 옮겨 젓가락으로 먹어도 상관없어요. 하지만 철판에 두고 먹는다면 끝까지 따뜻하게 먹을 수 있다는 점이 장점이죠. 오사카 등 간사이(서쪽) 지방에서는 '코테(コテ)'라고 부르기도 합니다.

たこせん 타코셍

새우전병

녹말과 새우 분말로 만든 반죽을 타원형으로 구운 전병으로, 원래 일본 문방구에서 파는 간식이었는데 요즘은 타코야키집에서 새우전병에 타코야키를 끼운 메뉴를 판매합니다.

～個入り ~코이리

~개입

타코야키는 보통 6, 8, 10, 12개입으로 판매하며 일본어로 록코이리(6個入り), 하치코이리(8個入り), 쥬코이리(10個入り), 쥬−니코이리(12個入り)와 같이 말합니다. 「～ヶ入(～개입)」으로 표기하기도 해요.

188

とんぺい焼き・豚平焼き 톤페이야키

오사카식 계란말이

오사카 오코노미야키집과 텝팡야키(鉄板焼き, 철판구이)집에서 볼 수 있는 오사카식 계란말이입니다. 돼지고기와 양배추를 볶은 뒤 얇게 부친 계란으로 감싸 만들며 오코노미야키처럼 파래가루, 가다랑어포, 소스, 마요네즈를 뿌려 먹는데, 안에 야키소바(중화면)를 넣기도 해요.

 お好みソース 오코노미소-스

오코노미야키용 소스

오코노미소스(お好みソース)는 우스터소스의 일종으로, 과일과 야채, 향신료를 배합해 숙성시켜 만들며 우스터소스보다 걸쭉합니다. 맛은 업체마다 조금씩 다르지만 돈카츠 소스보다 단맛이 강한 편입니다. 오코노미소스를 처음 개발한 업체는 히로시마에 본사가 있는 '오타후쿠소-스(オタフクソース)'입니다. 오타후쿠소-스는 지금도 많은 오코야키집에서 쓰여요. 히로시마식 오코노미야키집은 물론 오사카식 오코노미야키집에서도 많이 사용합니다. 일본 마트에 가면 오타후쿠소-스를 비롯한 다양한 오코노미야키용 소스를 구매할 수 있습니다.

B (타코야키를) 몇 개 드릴까요?

(たこ焼きを) 何個 さしあげましょうか?

(타코야키오) 낭코 사시아게마쇼-카?

A 타코야키를 6개짜리로 주세요.

たこ焼き 6個入りを ください。

타코야키 록코이리오 쿠다사이

B 마요네즈를 뿌려 드릴까요?

マヨネーズは かけますか?

마요네-즈와 카케마스카?

A 아니요, 마요네즈는 빼고 주세요.

いいえ、マヨネーズは なしで お願いします。

이-에, 마요네-즈와 나시데 오네가이시마스

B 토핑은 어떤 걸로 하세요?

トッピングは どのように しますか?

톱핑그와 도노요-니 시마스카?

A 명란몬쟈야키 토핑은 라면 스낵으로 주세요.

明太もんじゃの トッピングは
ベビースターで お願いします。

멘타이몬쟈노 톱핑그와 베비-스타-데 오네가이시마스

190

A (타코야키) 6개는 포장해 주시고, 6개는 먹고 갈게요.

6個は 持ち帰りで、 6個は 食べて いきます。

록코와 모치카에리데, 록코와 타베테 이키마스

A 굽는 방법을 간단히 알려 주시겠어요?

焼く 方法を 簡単に 教えて もらえますか?

야쿠 호-호-오 칸탄니 오시에테 모라에마스카?

🌸 손님이 직접 구워 먹는 오코노미야키집에서 쓸 수 있는 표현입니다.

A 제가 맞게 굽고 있나요?

私の 焼き方は 合っていますか?

와타시노 야키카타와 앗테이마스카?

A 이제 다 익었나요? 먹어도 될까요?

もう 焼けましたか? 食べても いいですか?

모- 야케마시타카? 타베테모 이이데스카?

A 치즈타코야키에 파래가루랑 가다랑어포를 많이 얹어 주세요.

チーズたこ焼き、青のりと かつお節を 多めで ください。

치-즈타코야키, 아오노리토 카츠오부시오 오-메데 쿠다사이

B 더 추가할 토핑이 있으신가요?

もっと 追加したい トッピングは ありますか？

못토 츠이카시타이 톱핑그와 아리마스카?

A 돼지고기오코노미야키와 믹스오코노미야키, 그리고 오사카식 계란말이를 하나씩 주세요.

豚玉と ミックス焼き、それと とん平焼きを ひとつずつ ください。

부타타마토 믹크스야키, 소레토 톰페이야키오 히토츠즈츠 쿠다사이

 오사카식 오코노미야키집에서 주문할 때 쓸 수 있는 표현입니다.

A 돼지고기치즈오코노미야키에 면 토핑은 중화면으로 주세요.

豚玉チーズ、そばで お願いします。

부타타마치-즈, 소바데 오네가이시마스

 히로시마식 오코노미야키집에서 쓸 수 있는 표현으로, 히로시마식은 보통 소바(중화면)와 우동 중 하나를 넣습니다.

손님이 직접 구워 먹는 오코노미야키집도 있나요?

———

히로시마식 오코노미야키는 굽는 방법이 복잡해 대부분 직원이 구워 줍니다. 오사카식 오코노미야키도 직원이 구워 주는 곳이 많지만, 일부 가게에서는 손님이 직접 구워 먹을 수도 있어요. 재료가 다 섞여 있어 히로시마식보다는 쉽게 구울 수 있으며 손님 중에는 스스로 구워 먹고 싶은 사람도 있기 때문입니다. 만약 철판이 있는 자리에 안내 받았는데 직원이 재료만 주고 구워 주지 않는다면 스스로 구워 먹어도 됩니다. 물론 그런 곳에서도 꼭 손님이 구워야 하는 건 아니니 직접 굽기 어렵다면 '야이테 모라에마스카?(焼いて もらえますか?)'라고 직원에게 부탁하면 구워 줄 거예요. 한국 고기집에서 직원에게 고기를 구워 달라고 부탁하는 것과 별 차이가 없다고 생각하면 됩니다.

오사카 사람들은 모두 집에 타코야키 기계를 가지고 있다고 들었는데, 정말인가요?

———

제가 오사카 친구 몇 명에게 물어보니 대부분의 오사카 사람들은 집에 타코야키 기계를 가지고 있다고 하더라고요. 물론 사람마다 다르겠지만, 오사카 사람들은 다른 지역 사람들보다 타코야키를 잘 만들 거예요. 타코야키 만들기에 관심 있는 분들을 위해 만드는 방법을 간단히 설명하자면, 철판 가운데 있는 반구형의 구멍에 반죽과 문어를 넣고 열을 가합니다. 그리고 꼬치로 반죽을 뒤집어 가며 동그랗게 모양을 잡아요. 이 과정이 익숙하지 않은 사람들은 만드는 게 쉽지 않겠지요. 하지만 일본인들은 잘 하든 못하든 주변 사람들과 함께 타코야키를 만드는 과정 자체를 즐긴답니다. 타코야키 안에 문어 대신 초콜릿이나 치즈, 김치 등 취향에 맞게 토핑을 바꿔 만드는 것도 재미있어요. 참고로 이렇게 집에서 친구들과 편하게 타코야키를 만들어 소소한 파티처럼 즐기는 걸 일본어로 '타코야키 파티'의 줄임말인 '타코파(タコパ)'라고 부릅니다.

일본에서는 오코노미야키를 밥반찬으로도 먹나요?

밥과 같이 나오는 오코노미야키 정식은 다른 지역에서는 드문 메뉴이지만, 오사카와 일부 간사이 지방(일본 서쪽 지방)에서는 볼 수 있습니다. 일본 사람에게는 튀김이나 라멘, 야키소바(볶음면) 등의 면 요리를 반찬 삼아 먹는 식습관이 있어요. '오코노미야키 역시 밥반찬으로 먹나요?'라는 질문에 답하자면, 오사카에는 실제로 그런 사람이 있기 때문에 '오코노미야키 정식'이라는 메뉴도 있는 거겠지요. 오코노미야키의 소스와 마요네즈 맛은 밥과 궁합이 좋다고 해요. 하지만, 오사카 이외에 지역에서는 드문 메뉴이기 때문에 다른 지역 사람들도 많이 놀라는 점이기도 합니다. 참고로 어느 설문 조사에 따르면, 오코노미야키가 밥반찬이라고 생각하는 일본인은 일본 전국에서 20% 정도라고 합니다. 그런데 생각해 보면 한국에는 부침개를 밥과 같이 먹는 사람도 있으니 의외로 한국인 입맛에 '오코노미야키 정식'이 잘 맞지 않을까 생각하기도 하는데, 어떤가요?

오코노미야키집은 '~쨩'라는 이름이 많던데, 왜 그런가요?

일본어로 '밋쨩(みっちゃん)'이나 '레이쨩(れいちゃん)' 등 이름에 '~쨩(ちゃん)'을 붙인 가게는 대부분 히로시마식 오코노미야키집이랍니다. 일본어로 '쨩(ちゃん)'은 친한 친구를 부를 때 쓰는 좀 귀여운 애칭이에요. 히로시마는 전쟁 이후 시장에서 오코노미야키를 팔며 생계를 이어 나간 미망인이 많았다고 합니다. 당시엔 비교적 간단히 차릴 수 있는 가게가 오코노미야키 식당이라서 그랬죠. 그때 미망인들이 본인의 애칭을 가게 이름에 붙인 것이 시초입니다. 히로시마식 오코노미야키는 미국의 원조로 들어온 밀가루로 만들기 시작했는데, 전쟁 이후 식량이 부족해 양을 부풀리기 위해 밀가루 안에 면을 넣기 시작한 것이 지금의 히로시마식 오코노미야키가 되었답니다.

일본 축제에서 '히로시마야키'라는 이름으로 오코노미야키를 판매하는 걸 봤는데, '히로시마야키'가 '히로시마식 오코노미야키'를 말하는 건가요?

네, 히로시마 외의 지역에서는 히로시마식 오코노미야키를 히로시마야키(広島焼き)라고 말하기도 해요. 하지만, 히로시마 사람들은 그 말을 오히려 싫어해 쓰지 않기도 합니다. 히로시마에서 사랑받는 오코노미야키는 히로시마 고유의 음식이라서 굳이 '히로시마'라는 지명까지 안 써도 된다고 생각하는 것 같아요. 일종의 고향을 사랑하는 마음과 고향에 대한 자부심에서 온 생각이겠지요. 또 다른 오코노미야키 고장인 오사카에 대한 라이벌 의식이 있을 지도 모릅니다. 아무튼, 히로시마에서는 '히로시마야키'라는 이름을 볼 수는 없으니 히로시마에 갔을 때 굳이 그 이름을 쓸 필요는 없겠습니다.

몬쟈야키는 어디서 먹을 수 있나요?

몬쟈야키를 먹기에 가장 좋은 장소는 일본 도쿄 주오구의 인공 섬인 츠키시마(月島)에 있는 몬쟈 스트리트입니다. 관광지로도 유명한 도쿄 쓰키지시장에서 가까워요. 앞서 설명했듯이 몬쟈야키는 원래 옛날 문방구에서 어린이들이 사 먹던 간식이었습니다. 그걸 츠키시마(月島)에 있는 요시미야(好美家, 창업 1954년)가 식사 메뉴로 바꿔 팔기 시작했고 대박이 나서 주변에 몬쟈야키 전문점이 많이 생겼어요. 이제는 그 일대가 '츠키시마 몬쟈 스트리트'라는 이름으로 불리게 되며 유명해졌습니다. 츠키시마 외에 도쿄 아사쿠사에 몬쟈야키집이 몇 군데 있고 최근에는 다른 동네에도 몬쟈야키 가게가 늘어나고 있어요. 또, 오코노미야키 가게의 사이드 메뉴로 몬쟈야키를 팔기도 합니다.

PART 10
나베집에서

일본어로 전골냄비로 끓여 만드는 모든 요리를 가리켜 '나베모노'라고 부릅니다. 원래 나베모노는 집에서 가족끼리 모여 먹는 요리이며 밖에서 사 먹는다면 고급 식당에 가거나 이자카야의 겨울 한정 메뉴로만 먹을 수 있기 때문에 여러분들에게는 낯설게 느껴질 수도 있죠. 겨울에 먹는 따뜻한 나베모노는 최고이니까 꼭 한번 드셔 보셨으면 좋겠습니다.

가족과 친구와 다 같이
보글보글, 나베모노

한국에는 찌개나 탕, 전골 등 뜨끈한 국물 요리가 많이 있죠. 하지만 일본에는 식재료를 푹 졸여 반찬으로 먹기 딱 좋은 찌개나 고기나 뼈를 오래 끓이는 탕 요리 등이 흔치 않습니다. 한국 국물 요리 중에서는 그나마 전골이 일본 나베모노(鍋もの)에 가장 가깝다고 할 수 있어요. 일본에선 큰 전골냄비로 끓여서 다 같이 나눠 먹는 요리는 전골냄비의 모양이나 형태와 상관없이 다 나베모노라고 부르는데, 그래서 오뎅나베(일본식 어묵탕)도 샤부샤부도 나베모노로 분류합니다. 그밖의 일본의 대표적인 나베모노에는 스키야키, 미즈타키 등이 있습니다.

스키야키(すき焼き)는 일본을 대표하는 전골로, 얇게 썬 소고기와 대파, 배추, 쑥갓, 표고버섯, 두부, 시라타키(실곤약) 등을 넣고 끓여 만듭니다. 스키야키는 얇은 전골냄비를 사용하는데 이러한 전골냄비는 스키야키를 만들 때만 볼 수 있는 냄비로, 일본에서는 드문 형태입니다. 육수는 간장, 설탕, 맛술, 미림을 배합해 만들어요. 이러한 육수를 일본어로 '와리시타(割り下)'라고 부르며 카츠동(돈카츠덮밥)이나 오야코동(닭고기계란덮밥) 등에도 쓰입니다. 이 육수의 맛이 바로 일본인들이 생각하는 '가장 일본다운 맛'이라고 할 수 있어요. 단맛이 강한 편이라서 처음 먹으면 다소 놀랄 수도 있습니다. 스키야키는 집에서 단란하게 온 가족이 모여 해 먹는 가정식이라서 일본 마트에서도 스키야키 즉석 와리시타(육수)인 '스키야키노타레(すき焼きのたれ)'를 볼 수 있어요. 외식으로 먹을 때는 약간 고급 요리라는 느낌입니다. 유명한 와규(일본산 소고기) 품종을 파는 가게의 스키야키는 1인당 만 엔을 넘을 정도로 비싼 경우가 많아요. 그런 가게는 기모노(일본 전통 옷)를 입은 직원이 맞이해 줍니다. 그래서 일본인들은 손님을 대접할 때 가기도 합니다.

모츠나베(もつ鍋)는 일본식 곱창전골로, 2010년대부터 후쿠오카로 여행 가는 한국인이 늘어 후쿠오카식 모츠나베가 한국인에게 많이 알려졌습니다. 후쿠오카식 모츠나베는 부추를 전골 가운데 한가득 올려 예쁘게 나오는데 한국의 곱창전골과는 다른 모습에 주목을 받은 듯해요. 실은 일본 전국적으로는 흔한 메뉴는 아니기도 한데요. 후쿠오카나 다른 지역의 후쿠오카 요리점에 가서 보게 된다면 한번 맛보시는 것도 좋을 듯합니다.

미즈타키(水炊き)는 닭고기를 넣어 만든 전골로, 일본어로 '미즈(水)'는 물, '타키(炊き)'는 끓이는 방식을 뜻합니다. 이름 그대로의 음식이죠. 다시마 국물에 닭고기와 야채를 넣고 끓여 만드는데, 최소한의 재료로 맛을 내는 게 특징이에요. 한국의 닭백숙이나 닭한마리와 비슷하지만 닭백숙과 달리 미즈타키는 닭을 한 입 크기로 작게 잘라 만듭니다. 야키니쿠(고기구이), 야키토리(닭꼬치)와 마찬가지로 편하게 먹을 수 있도록 한 입 크기로 잘라 만드는 것이 일식의 기본이기 때문입니다. 미즈타키는 일본 후쿠오카와 간사이 지방(오사카 등)에서 잘 먹습니다. 후쿠오카에서는 모츠나베(곱창전골)집에서 미즈타키를 같이

팔기도 해요. 다른 지역에서는 이자카야(술집)나 야키토리(닭꼬치)집의 겨울 메뉴로 볼 수 있을 겁니다.

샤부샤부(しゃぶしゃぶ)란 뜨거운 육수에 얇게 썬 고기를 살짝 데쳐 먹는 전골의 일종으로, 1952년에 일본 오사카에 있는 식당 '스에히로(スエヒロ)'에서 개발한 요리예요. 샤부샤부라는 이름은 스에히로의 사장님이 직원이 대야에 잠방잠방 물수건을 빠는 모습에서 고기를 전골냄비 속 뜨거운 육수에 넣고 젓가락으로 살짝 움직이며 익히는 모습을 떠올려, '잠방잠방' 소리를 나타내는 일본어 '쟈부쟈부(じゃぶじゃぶ)'에서 따와 이름을 지었다고 합니다. 한국에서도 많이 먹는 요리라서 먹는 방법은 잘 아실 텐데요, 한일간 먹는 방법에 큰 차이는 없는 듯합니다. 그리고 샤부샤부는 스키야키와 같이 판매하는 가게가 많습니다. 아마 재료가 비슷해서 그렇겠지요. 샤부샤부에는 주로 소고기를 사용하는데 돼지고기, 게, 복어, 도미 등을 넣어 먹기도 해요. 참고로 소고기를 넣으면 '규-샤부(牛しゃぶ)', 돼지고기는 '부타샤부(豚しゃぶ)', 게는 '카니샤부(蟹しゃぶ)', 북어는 '후구샤부(ふぐしゃぶ)', 도미는 '타이샤부(鯛しゃぶ)'라고 부릅니다.

일본은 혼밥 천국이라 불릴 정도로 많은 식당에서 편하게 혼밥이 가능하지만, 나베모노는 대부분 2인분 이상부터 주문이 가능해 혼자 즐기기는 어렵습니다. 한국 뚝배기 같은 1인 식사에 잘 맞는 그릇이 일본엔 없고 1인용 나베모노 메뉴가 많지 않기 때문입니다. 일부 가게에서 점심시간에 '스키야키젱(すき焼き膳, 스키야키 정식)'과 같은 1인용 메뉴를 팔긴 하지만, 그건 주방에서 만든 요리를 1인분으로 나눠서 제공하는 것뿐이죠. 아시겠지만, 전골은 눈앞에서 끓이며 다 같이 나눠 먹는 게 제일 맛있잖아요. 친구나 가족과 함께 일본에 가게 된다면 일본식 전골 나베모노를 드셔 보시는 걸 추천하고 싶습니다.

鍋メニュー

나베메뉴ー

① すき焼き 스키야키

3200円(税込)

② しゃぶしゃぶ* 샤부샤부

2300円(税込)

③ もつ鍋* 모츠나베

1738円(税込)

④ 水炊き 미즈타키

2150円(税込)

⑤ 寄せ鍋 요세나베

1800円(税込)

⑥ ちゃんこ鍋 챵코나베

1580円(税込)

＊ 샤부샤부란 뜨거운 육수에 얇은 고기를 살짝 데쳐 먹는 전골의 일종입니다.

＊ 일본어로 내장을 모츠(もつ) 혹은 호르몽(ホルモン)이라고 하기 때문에 모츠나베 대신 호르몬나베(ホルモン鍋) 라는 이름으로 파는 가게도 있습니다.

전골 메뉴

1 소고기야채전골

3200엔(세금포함)

2 샤부샤부

2300엔(세금포함)

3 일본식 곱창전골

1738엔(세금포함)

4 일본식 닭고기전골

2150엔(세금포함)

5 요세나베 *

1800엔(세금포함)

6 잔코나베 *

1580엔(세금포함)

★ 요세나베는 해산물이나 고기, 야채 등을 넣어 만든 전골로, 해산물과 고기 등을 골고루 넣는다는 점에서 해신탕과 비슷하지만 해신탕처럼 몸 보신을 위해 먹는 보양식은 아닙니다.

★ 잔코나베는 일본식 씨름인 스모 선수들이 기력 보충을 위해 자주 먹는 전골입니다.

⑦ トマト鍋 토마토나베

2420円 (税込)

⑧ 豆乳鍋 토-뉴-나베

1650円 (税込)

⑨ カキ鍋 카키나베

2100円 (税込)

⑩ ミルフィーユ鍋
미르휘-유나베

1850円 (税込)

⑪ 湯豆腐 유도-후

1950円 (税込)

〆・締め

시메

うどん 우동	250円	中華麺 쥬-카멩	250円
ちゃんぽん麺 참퐁멩	250円	雑炊 조-스이	250円

⑦ 토마토전골

2420엔 (세금포함)

⑧ 두유전골

1650엔 (세금포함)

⑨ 굴전골

2100엔 (세금포함)

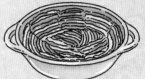

⑩ 밀푀유전골*

1850엔 (세금포함)

⑪ 두부전골

1950엔 (세금포함)

* 밀푀유전골은 얇게 자른 돼지고기와 배추를 밀푀유처럼 차곡차곡 겹쳐 끓여 먹는 전골입니다.

마무리 식사

우동 면	250엔	중화면(라멘)	250엔
짬뽕 면	250엔	죽	250엔

おでん (오뎅)

① 大根 だいこん・다이콩

② 昆布 こんぶ・콤부

③ 昆布巻き こぶまき・코부마키

④ 蒟蒻 こんにゃく・콘냐쿠

⑤ 白滝 しらたき・시라타키

⑥ 玉子 たまご・타마고

⑦ 豆腐 とうふ・토후

⑧ がんも(どき) 감모(도키)

⑨ 厚揚げ あつあげ・아츠아게

⑩ 半片 はんぺん・함펭

⑪ 竹輪麩 ちくわぶ・치쿠와부

⑫ 焼竹輪 やきちくわ・야키치쿠와

⑬ 薩摩揚げ さつまあげ・사츠마아게

⑭ 牛蒡巻 ごぼうまき・고보-마키

⑮ 里芋 さといも・사토이모

⑯ しのだ巻 시노다마키

⑰ ふくろ 후쿠로

⑱ もち巾着 모치킨챠쿠

⑲ キャベツまき 캬베츠마키

⑳ つみれ 츠미레

㉑ 魚すじ・魚筋 さかなすじ・사카나스지

㉒ 牛すじ・牛筋 구-스지

어묵탕

① 무

② 다시마

③ 다시마롤

④ 곤약

⑤ 실곤약

⑥ 삶은 계란

⑦ 두부

⑧ 두부완자튀김

⑨ 두부튀김

⑩ 마어묵

⑪ 둥근어묵

⑫ 구운둥근어묵

⑬ 야채어묵

⑭ 우엉말이

⑮ 토란

⑯ 유부말이

⑰ 유부주머니

⑱ 유부주머니떡

⑲ 양배추롤

⑳ 어육완자

㉑ 생선힘줄어묵

㉒ 소힘줄

★ 다시마를 육수용으로 주로 쓰는 한국과 달리 일본은 어묵탕의 주재료로 잘 먹습니다.

 すき焼き 스키야키

소고기야채전골

스키야키를 주문하면 날계란이 같이 나오는데 앞접시에 날계란을 풀고 육수에 익힌 고기와 채소를 날계란에 찍어 드셔 보세요. 육수의 간장 맛과 날계란이 조화로워 맛있게 먹을 수 있을 겁니다. 만약 날계란을 못 먹는다면 그냥 전골만 먹어도 됩니다. 그런데 평소에 날계란의 비린내 때문에 안 먹은 거라면 일본에서 한번 도전해 보셔도 좋을 듯합니다. 일본 날계란은 별로 비린내가 안 나는 게 많고 날계란에 스키야키 육수를 몇 숟가락 넣으면 더 먹기 편해질 수도 있으니 도전해 보세요.

 しゃぶしゃぶ 샤부샤부

샤부샤부

샤부샤부는 일반적으로 건더기를 폰즈(ポン酢, 감귤류의 과즙을 넣은 새콤한 간장 소스) 혹은 고마(참깨) 드레싱에 찍어 먹어요. 먹다가 소스 종지에 국물이 들어가 맛이 싱거워진다면 폰즈나 고마(참깨) 드레싱을 더 넣어 먹으면 됩니다. 참고로 폰즈는 샤부샤부를 비롯한 다양한 전골을 먹을 때 자주 쓰이는 소스입니다. 약간 느끼한 고기도 폰즈에 찍어 먹으면 상큼하게 먹을 수 있고 야채와도 궁합이 좋기 때문입니다. 교자(군만두)나 두부, 간 무, 미역귀 등에 뿌려 먹어도 맛있어요.

 もつ鍋 모츠나베

일본식 곱창전골

일본식 곱창전골인 모츠나베의 국물은 간장 혹은 된장을 기본으로 하며 둘 중 하나로 고를 수 있는 가게도 있어요. 일본 동쪽 지방(도쿄 등)에서는 돼지고기, 서쪽 지방(오사카 등)에서는 소고기를 요리에 많이 사용하는데, 모츠나베 역시 그렇습니다. 그래서 일본 서쪽에 위치하는 후쿠오카에서는 모츠나베에 소곱창을 사용합니다. 모츠나베 역시 국물 맛이 진해 다 못 먹고 남기는 사람이 많은 듯한데, 그럴 때는 밥이나 면을 넣어 간을 조금 조절해서 드셔 보세요. 마무리로 넣는 면은 짬뽕 면도 선택할 수 있습니다. 짬뽕 면은 나가사키현을 비롯한 규슈 지방에서 자주 먹는데 모츠나베에도 잘 어울려요.

水炊き 미즈타키

일본식 닭고기전골

미즈타키는 먹는 순서가 정해져 있습니다. 우선 육수 본연의 맛부터 느낍니다. 컵에 육수를 담고 소금을 적당히 뿌려 닭 육수의 깊은 맛을 즐겨 보세요. 그 다음 닭고기를 폰즈(새콤한 간장 소스)에 찍어 먹습니다. 유자 맛 조미료인 '유즈코쇼-(ゆず胡椒)'를 더해 상큼한 맛을 즐겨도 좋아요. 닭고기를 다 먹고 니쿠당고(肉団子, 닭고기완자), 배추, 쑥갓, 대파, 표고버섯, 두부 등을 넣고 다시 끓여 마무리합니다. 맛도 먹는 방법도 품위 있는 요리라고 할 수 있어요.

 ### 寄せ鍋 요세나베

요세나베, 일본식 해신탕

해산물, 닭고기, 야채 등을 골고루 넣어 끓여 먹는 나베모노(전골)입니다. 보통 다시마나 가다랑어포, 조개류 등 해산물로 맛국물을 냅니다. 육수는 주로 간장이나 된장을 기본으로 만들지만, 딱히 정해져 있는 건 아니라서 각 지방 특산물을 넣어 만드는 경우가 많아요. 일본에서 일식집이나 이자카야에 갔는데 요세나베가 있다면, '지방의 맛'을 맛볼 겸 드셔 보시는 걸 추천합니다.

 ### トマト鍋 토마토나베

토마토전골

토마토를 기본으로 한 국물에 고기나 소시지, 브로콜리, 양파, 양배추, 버섯 등의 야채, 치즈를 넣고 끓여 먹는 양식풍 전골로, 일본 마트에는 시판용 토마토나베 국물을 팝니다.

 ### ちゃんこ鍋 챵코나베

쟌코나베, 스모 선수들의 기력 보충 전골

일본식 씨름인 스모 선수는 좋은 체격을 만들기 위해 많이 먹어야 하는데 한 번에 많이 만들 수 있는 챵코나베는 공동생활을 하는 선수들에게 딱 좋은 요리입니다. 들어가는 재료가 정해져 있는 건 아니지만, 보통 니쿠당고(고기완자)나 배추, 우동 면 등이 들어갑니다. 주재료가 닭고기라면 '토리챵코(鶏ちゃんこ)', 미소(된장)를 기본으로 한 국물이면 '미소챵코(味噌ちゃんこ)'라고 부르기도 합니다. 스모 선수들은 스스로 챵코나베를 만들어 먹기 때문에 각 팀마다 맛있는 챵코나베 레시피를 갖고 있습니다. 선수들 중에는 은퇴 후 식당을 차리기도 하기 때문에 선수가 아니라도 챵코나베를 맛볼 수 있지요. 스모 경기장인 도쿄 료고쿠국기관이 있는 료고쿠 지역에는 챵코나베집이 많이 모여 있어요. 다른 지역에도 챵코나베집은 있으니 먹어 보고 싶다면 미리 알아보고 방문해 보세요.

豆乳鍋 토-뉴-나베

두유전골

두유를 기본으로 한 국물에 고기와 야채를 넣어 끓이는 전골 요리로, 이 요리에서 파생된 '토-뉴-샤부샤부', '토-뉴- 미소나베(두유된장전골)', '토-뉴- 김치나베', '토-뉴- 순두부나베' 등이 있습니다. 일본 마트에는 시판용 토-뉴-나베 국물이 있습니다.

 湯豆腐 유도-후

두부전골

두부를 주재료로 하는 전골로, 다시마로 육수를 내고 두부와 야채를 넣어 만들어요. 먹을 때는 건더기를 폰즈 소스(새콤한 간장 소스)에 찍어 먹습니다. 아주 단순하며 두부의 맛을 느끼기에 좋아요. 주로 집에서 해 먹는 요리이지만, 두부 요리 전문점이나 료칸(온천 여관)의 아침 식사로도 먹을 수 있습니다.

 〆・締め 시메

전골의 마무리 식사 메뉴

전골을 다 먹고 마무리로 먹는 식사 메뉴를 일본어로 '시메'라고 부릅니다. 한국에서 전골의 마무리 식사로 면이나 죽을 넣어 먹는 것처럼 일본도 마찬가지입니다. 우동 면이나 짬뽕 면, 죽 등을 넣어 먹습니다. 참고로 스키야키에는 처음부터 우동 면이 들어 있기도 하며 모츠나베는 짬뽕 면, 중화면, 죽 중에서 고를 수 있습니다.

 おでん 오뎅

일본식 어묵탕

어묵과 여러 식재료를 전골냄비에 함께 넣고 끓여 먹는 일본의 오뎅은 전골로 분류합니다. 한국에서 먹는 어묵은 분식 느낌이 강하다면, 일본에서는 잘 차려 먹는 요리에 가깝다고 할 수 있습니다. 일본에서 오뎅을 먹으려면 오뎅 전문점이나 이자카야(술집)로 가야 하며 겨울철엔 편의점에서도 볼 수 있어요. 오뎅집에서는 하나하나 단품으로 주문해야 하는 경우가 많으니 미리 잘 알아 두는 편이 좋습니다. 만약 오뎅 메뉴가 복잡해서 주문하기 어렵다면, 직원에게 알아서 달라고 부탁해도 괜찮아요.

A 이건 뭔가요?
これは 何ですか?
코레와 난데스카?

B 우엉말이어묵입니다.
ごぼうまきです。
고보-마키데스

B 어떤 걸 드시겠습니까?
何を おめしあがりに なりますか?
나니오 오메시아가리니 나리마스카?

A 어묵 두, 세 종류 주시고 나머지는 알아서 주세요.
練り物を 2〜3種と、あとは おまかせします。
네리모노오 니~산슈토, 아토와 오마카세시마스

TIP 어묵류를 일본어로 '네리모노'라고 부르기도 합니다.

B 마무리 식사는 어떤 걸로 드릴까요?
〆に 何か 入れましょうか?
시메니 나니카 이레마쇼-카?

A 우동 면 2인분 주세요.
うどんを 2人分 ください。
우동오 후타리붕 쿠다사이

209

A 고기를 2인분 추가해 주시겠어요?

肉を 2人分 追加して もらえますか？

니쿠오 후타리붕 츠이카시테 모라에마스카?

A 곱창전골을 된장 맛으로 주세요.

もつ鍋を 味噌味で ください。

모츠나베오 미소아지데 쿠다사이

A 가스가 다 떨어진 것 같아요. 부탄가스 통 좀 바꿔 주시겠어요?

ガスが なくなった みたいです。ガス缶を かえて もらえますか？

가스가 나쿠낫타 미타이데스. 가스캉오 카에테 모라에마스카?

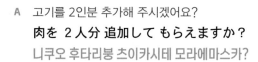

A 국물에 뜬 하얀 거품을 걷어 내 주시겠어요?

灰汁を とって もらえますか？

아쿠오 톳테 모라에마스카?

A 이제 다 익었나요?

もう 煮えましたか？

모- 니에마시타카?

A 적당히 5～6개 섞어서 추천해 주시겠어요?

適当に 5～6種類 おすすめを もらえますか？

테키토-니 고~로쿠슈루이 오스스메오 모라에마스카?

TIP 오뎅(일본식 어묵탕)집에서 메뉴를 고르기 어렵다면 직원의 추천을 받아 주문할 수 있습니다.

일본인 친구와 같이 전골을 먹는데 '나는 나베부교-니까 나한테 다 맡겨!'라고 하더라고요. '나베부교-'란 무엇인가요?

일본 술집에서 파는 '모츠니'는 모츠나베(일본식 곱창전골)와 뭐가 다른가요?

일본에는 가끔 '나베부교-(鍋奉行)'를 자칭하는 사람이 있는데, 일본어로 나베는 전골, 부교-는 옛 무관 사회의 행정관(치안판사)을 가리키는 옛말입니다. 나베부교-란, 전골을 만들 때 적극적으로 나서거나 재료를 넣는 순서를 같이 먹는 사람에게 지시하는 사람을 말해요. 참고로 일본인은 나베모노를 만들 때 재료를 한 번에 다 넣지 않으며 넣는 순서를 아주 중요시하는 경향이 있습니다. 예를 들어 스키야키는 먼저 고기와 대파를 굽다 육수를 넣고 표고버섯과 실곤약을 넣은 뒤, 마지막에 쑥갓을 넣어야 한다는 식입니다. 맛있게 먹기 위해 일일이 신경을 쓰는 것이죠. 혹시 나베부교-라고 하는 사람이 있다면, 그냥 그 사람의 지시에 따라 맛있게 먹는 걸 추천합니다.

모츠나베는 국물이 가득한 전골인데 반해, 모츠니(もつ煮)는 걸쭉한 된장 양념으로 곱창을 진하게 졸인 요리로, 국물이 많지 않아요. 모츠니는 이자카야(술집)에서 술안주로 자주 볼 수 있는데, 짭짤해서 밥반찬으로도 참 잘 어울린답니다. 요 몇 년 사이 후쿠오카에 가는 한국인 관광객이 늘어서 그런지 후쿠오카 향토 요리인 모츠나베가 많이 알려진 듯한데, 일본 전국적으로는 모츠니가 조금 더 유명한 메뉴일 거예요.

저번에 시즈오카 여행을 갔을 때 어묵탕 국물이 검은색이라 놀랐어요. 일본은 지역마다 어묵탕 스타일이 많이 다른가요?

일본에는 만둣국이 없나요? 한국에서는 자주 먹는데, 일본에선 안 보이네요.

네, 오뎅(어묵탕)은 정말 지역별로 개성이 뚜렷한 음식이에요. 시즈오카 오뎅은 진한 간장(濃口醬油, 코이쿠치쇼-유)으로 푹 끓여 국물과 어묵 색이 까맣습니다. 일본 동쪽에서는 오뎅뿐만 아니라 여러 국물 요리에 색이 진한 간장인 '코이쿠치쇼-유(濃口醬油)'를 쓰고 서쪽에서는 색이 연한 간장인 '우스쿠치쇼-유(薄口醬油)'를 사용하기 때문에 겉모습과 맛에 차이가 있습니다. 서쪽은 간장보다는 맛국물의 깊은 맛을 잘 느낄 수 있어요. 참고로 일본에서는 편의점 오뎅마저도 지역마다 국물 맛이나 재료가 다르답니다. 겨울철에 일본에 간다면 그 지방의 오뎅이 어떤지 한번 맛보는 건 어떨까요?

일본에서 만둣국은 '스이교-자(水餃子)'라는 이름으로 중화요릿집에서 파는데, 그리 흔한 메뉴는 아닙니다. 일본에서 만두는 대부분 '교-자(餃子, 군만두)'로 먹고, '스이교-자(만둣국)'는 중화요릿집에서 메뉴에 있다면 가끔 먹는 정도거든요.

일본인이 집에서 자주 해 먹는 전골은 뭔가요?

한 일본 조미료 업체가 매년 실시하는 설문 조사에 따르면 '김치나베(キムチ鍋)'가 항상 인기 순위 상위권을 차지합니다. 한국인이라면 왜 하필 김치나베가 인기 있는 걸까 의문이 들겠지요. 일본 마트에는 꼭 '김치나베노모토(キムチ鍋の素, 시판용 김치나베 육수)'와 한국 배추김치를 판매해요. 놀랍게도 일본 마트의 츠케모노(채소 절임) 코너 판매량 1위 상품은 김치랍니다. 김치나베는 김치와 함께 돼지고기나 각종 야채를 골고루 넣어 끓여 만듭니다. 맛은 김치찌개보다 진하진 않아요. 일본 김치나베 육수나 김치는 일본 현지화되어 매운맛이 덜 하며 일본의 한식당에 김치찌개는 있어도 김치나베를 파는 곳은 별로 없긴 하지만 일본인이 좋아하는 한국풍(?) 가정식으로 자리를 잡은 듯합니다. 그 외에 일본에서 인기 많은 나베모노라 하면 역시 스키야키(소고기야채전골)입니다. 아무래도 와규(일본산 소고기)가 비싸기 때문에 밖에서 사 먹는 스키야키는 고급 요리라는 인식이 있긴 하지만, 집에서는 저렴한 소고기로도 만들 수 있어 가정식으로 많은 사랑을 받고 있어요. 오뎅나베(어묵탕), 미즈타키(일본식 닭고기전골), 요세나베(일본식 해신탕) 등도 비교적 자주 먹는 나베모노입니다. 다양한 일본 오뎅 재료는 마트에 가면 '오뎅 세트'라는 이름으로 팔고 있어 쉽게 살 수 있어요. 미즈타키는 닭고기가 있다면 간단하게 만들 수 있죠. 요세나베는 냉장고에 남아 있는 재료를 처리하고 싶을 때 다 넣고 만들면 되는 요리입니다. 참고로 일식은 한식보다 야채를 섭취할 수 있는 요리가 적은 편이기 때문에 나베모노는 많은 야채를 편히 먹을 수 있다는 점에서 인기가 높습니다.

일본 오뎅(어묵탕)의 유래가 궁금합니다.

일본에는 옛날부터 '뎅가쿠(田楽)'라는 음식이 있었는데, 이는 구운 두부나 곤약을 꼬치에 꿰어 달콤 짭짤한 된장 양념을 발라 만든 음식입니다. 꼬치 요리인 뎅가쿠를 국물에 넣고 끓인 전골로 변화시킨 것이 바로 오뎅(일본식 어묵탕)입니다. 전골이 된 오뎅은 두부나 곤약 외에도 다양한 식재료와 같이 끓여 먹는 음식으로 일본 각지에 정착했습니다. 한국 어묵탕은 어묵을 주재료로 하는데 반해, 일본 오뎅에 들어 있는 어묵은 어디까지나 어묵탕의 재료 중 하나라는 느낌입니다. 참고로 뎅가쿠는 지금도 일식집이나 노점, 백화점 식품 코너 등에서 가끔 볼 수 있습니다. 특히 된장 양념을 바른 곤약 꼬치인 '미소뎅가쿠(味噌田楽)'는 인기가 많아요. 달콤 짭짤한 양념 맛이 조금 짭짤하지만 곤약을 재료로 해서 건강에 좋고 간식으로도 딱 좋은 음식입니다. 혹시 일본에서 기회가 된다면 한번 드셔 보세요.

PART 11
이자카야에서

여행 가기 전, 여러분 중엔 다른 일본어는 할 줄 몰라도 '나마비-루 쿠다사이(생맥주 주세요)'만 외워서 가는 분이 많지 않나요? 요리뿐만 아니라 술도 일본 여행의 매력이지요. 이 파트에서는 이자카야(술집)에서 쓰는 말, 특히 술을 주문할 때 쓰는 표현을 중심으로 소개하겠습니다. 이자카야가 아니더라도 다른 식당에서 술과 안주 등을 주문할 때도 도움이 될 거예요.

이자카야에서
오늘도 다함께 칸파이(건배)!

일본 여행에서 여러분이 기대하는 건 역시 '나마비-루(生ビール: 생맥주)'인 가요? 일본인도 이자카야(술집)니 식당에 가면 역시 생맥주를 기본으로 마시는 듯해요. 처음 들어가서 주문할 때 '토리아에즈, 비-루(とりあえず、ビール: 일단 맥주)'라는 말을 버릇처럼 쓰곤 하는데 그만큼 많은 사람이 마시는 술입니다. 일본 맥주도 한국 맥주와 마찬가지로 맥아와 홉이 주원료입니다. 일본 맥주는 맛이 진하다고 느끼는 한국인이 많은 듯해요. 농후한 맛을 선호하는 일본인 취향에 맞춰서 맥주도 만드니 그럴 수 있겠네요. 참고로 일본에서는 맥아 비율이 약 50% 이상인 술을 맥주, 50% 미만인 술(혹은 부재료의 양이 기준을 넘은 걸)을 '발포주(発泡酒, 합포-슈)'라고 해요. 맥아가 없거나 맥아와 다른 재료를 넣어 만든 술을 '제3의 맥주(第3のビール, 다이산노 비-루)' 혹은 '새로운 장르(新ジャンル, 신쟌르)'라고 합니다. 발포주나 제3의 맥주는 맥주보다 주세

가 적기 때문에 더 싼 맥주를 구매하고 싶은 소비자에게 인기 있습니다. 철저한 연구로 맛 또한 맥주에 가까워졌어요. 이자카야에서는 맥주와 발포주를 같이 팔기도 하는데 진정한 맥주 맛을 만끽하고 싶다면 발포주보단 맥주를 선택하는 게 좋을 거예요. 2026년 10월 이후부터는 모든 맥주류의 주세가 통일되어 발포주와 제3의 맥주가 가격이 싸다는 장점은 없어지겠지요.

일본의 4대 맥주 업체

한국에서는 일본 맥주 회사 하면 아사히가 가장 유명한가요? 일본에서는 '아사히(Asahi)', '기린(KIRIN)', '산토리(SUNTORY)', '삿포로(SAPPORO)'가 4대 맥주 업체로 알려져 있는데 각 사의 판매율은 아사히와 기린이 30%대, 산토리와 삿포로가 10%대입니다. 메뉴판에 맥주 업체명과 상품명이 적혀 있으니 잘 확인하고 주문하세요. 참고로 각 맥주 업체는 일반인을 대상으로 맥주 시음을 포함한 공장 견학을 진행하기도 합니다. 공장에서 갓 만든 맥주를 마실 수 있기 때문에 인기가 높아요. 코로나19로 인해 공장 견학을 중단하기도 했지만 이제는 재개하는 공장이 늘고 있다고 합니다. 관심이 있다면 맥주 공장 견학을 인터넷 검색한 뒤 미리 예약하고 방문하세요. 한국인 관광객에게 인기 많았던 아사히 맥주 하카타 공장은 견학을 종료했으니 참고하세요.

일본의 크래프트 맥주

다양한 맥주를 취급하는 전문점이나 지방의 이자카야에서는 크래프트 맥주를 뜻하는 '크라후토비-루(クラフトビール)'를 볼 기회가 있을 거예요. 예전에는 지역 맥주라는 뜻의 '지비-루(地ビール)'라는 이름으로 불렸지만, 2010년대부터 '크라후토비-루'라고 불리며 유행하기 시작했습니다. 현재 일본에 800곳 이상의 크라후토비-루 양조장이 있다고 합니다. 크라후토비-루란 쉽게 말하면 수제 맥주로, 특히 소규모 양조장에서 만든 맥주를 의미합니다. 아사히나 기린 같은 대규모 맥주 업체가 하면 발효(라거)로 필스너 타입을 제조하는 반면 소규모 크라후토비-루 양조장에서는 전통적인 상면 발효(에일)로 IPA나 스타우트 등을 제조해 차별화하는 경우가 많은 듯합니다.

크라후토비-루의 매력은 뭐니 뭐니 해도 '지역성'과 '다양성'이죠. 니혼슈(日本酒: 일본주)나 쇼-츄-(燒酎: 일본 소주)가 그 지역의 특성을 살린 재료와 제조법으로 만드는 것처럼 크라후토비-루 역시 개성 있는 맥주를 만듭니다. 각지역만의 특별한 맛을 즐길 수 있다는 장점이 있는가 하면 단점도 있습니다. 상온 보관이 불가능한 맥주가 많아 유통이 어려우며 소비기한이 짧습니다. 또, 소규모 양조장에서 만들기 때문에 많은 양을 안정적으로 공급하기 어려워 막상 마셔 보려 해도 물건이 없어 못 먹는 경우가 많아요. 그러니 일본의 소도시를 여행할 때 크라후토비-루가 보인다면 귀한 만남이라고 생각하고 한번 맛보는 것도 추천합니다.

일본의 생맥주와 병맥주, 어떻게 다른가요?

맥주를 주문할 때 메뉴판에서 생맥주(나마비-루)와 병맥주(빔비-루) 중 하나를 선택할 수 있는 경우가 있는데 실은 안에 들어 있는 맥주 자체에는 큰 차이가 없습니다. 맥주 제조 과정에서 가열 살균 단계를 거치지 않으면 생맥주라고 부르는데, 예전에는 가열 처리가 일반적이었지만 현재 주요 맥주 업체는 대부분 가열 처리를 하지 않는 맥주(=생맥주)를 제조합니다. 이런 방식으로 공장에서 생산한 생맥주를 출하할 때 맥주 서버, 병, 캔으로 나눠서 주입할 뿐이라 사실상 다 같은 맥주라고 할 수 있죠. 가게에서 '나마비-루(생맥주)'를 주문하면 맥주 서버에서 맥주잔에 따라 나옵니다. 맥주를 따라 주는 사람에 따라 거품 양이 달라지기도 하니 나만의 스타일 대로 마시고 싶다면 병맥주를 고르셔도 좋습니다.

일본의 술, 니혼슈(日本酒)

니혼슈(日本酒)는 쌀, 누룩, 물로 만드는 일본의 전통주입니다. 일본인이 쌀에 진심인 민족이라는 걸 아시죠? 물론 쌀밥용 쌀과 니혼슈용 쌀(酒米: 사카마이)은 품종이 다르긴 하지만 니혼슈도 쌀밥용 쌀 못지 않게 사랑하는 쌀로 만드는 술이랍니다. 장인들의 기술로 지켜 온 니혼슈의 양조장은 현재 일본 내에 1500곳 이상 있다고 합니다. 각 지역의 자연환경에 따라 맛이 상당히 달라지기 때문

에 니가타현이나 나가노현과 같은 쌀의 명산지나 물이 깨끗한 지역의 니혼슈가 인기가 좋아요. 일본 여행을 간다면 그 지방의 요리와 함께 니혼슈도 즐겨 보세요. 궁합이 좋은 술과 함께라면 식사가 더 맛있어질 겁니다. 참고로 니혼슈를 '사케(酒)' 혹은 '오사케(お酒)'라고 부르기도 하는데 이는 니혼슈뿐만 아니라 모든 술을 통틀어 가리키는 말로, 특히 '(오)사케'는 한국어 '술'과 같은 말이에요. 그래서 니혼슈를 주문할 때 '(오)사케'라고 하면 의미가 잘 안 통할 수도 있으니 '니혼슈'라고 하는 것이 더 확실합니다. 니혼슈는 종류가 매우 많으며 대부분 메뉴판에 난해한 한자가 손글씨로 적혀 있어 한자를 배운 사람이라도 정확히 읽기엔 상당히 어렵습니다. 그러니 니혼슈 마니아가 아니라면 상품명을 하나하나 외울 필요까지는 없지요. 맛의 종류나 만들어진 방법, 차게 먹는지 따뜻하게 먹는지 정도를 기억하고 나머지는 직원에게 추천받아도 좋지 않을까 합니다. 한국에서 전보다 니혼슈의 인기가 높아졌는데 일본보다 더 비싸다는 얘기를 들었어요. 니혼슈는 생산에서 유통까지 철저한 온도 관리가 필요해 특수한 방법으로 운송하기 때문에 유통비가 높아질 수 밖에 없으며, 가열 처리하지 않는 일부 니혼슈는 수출 자체가 어렵기도 합니다. 그러니 일본 여행에선 한국에서 보기 힘든 니혼슈를 저렴한 가격으로 맛보세요.

니혼슈의 맛을 표현할 때는 '아마쿠치(甘口)'와 '카라쿠치(辛口)'라는 말을 자주 씁니다. 원래 한자 辛은 맵다는 뜻이지만, 여기서는 그 뜻으로 쓰이지 않습니다. 니혼슈에는 '당분의 비율'을 나타내는 '니혼슈도(日本酒度)'라는 수치가 있는데, 당분이 많으면 마이너스(-), 적으면 플러스(+)가 됩니다.

> **니혼슈도(日本酒度)에 따른 구분**
>
> 1 아마쿠치(甘口): -3.5부터 -5.9까지
>
> 2 야야(약간)아마쿠치(やや甘口): -1.5부터 -3.4까지
>
> 3 야야(약간)카라쿠치(辛口): +1.5부터 +3.4까지
>
> 4 카라쿠치(辛口): +3.5부터 +5.9까지

유기산 함유량을 가리키는 '산도(酸度)' 또한 니혼슈의 맛에 영향을 끼칩니다. 산도가 높아질수록 산미와 감칠맛이 강해져요.

산도(酸度)에 따른 구분

1. 탄레-아마쿠치(淡麗甘口): 산도가 낮음
2. 노-중아마쿠치(濃醇甘口): 산도가 높음
3. 탄레-카라쿠치(淡麗辛口): 산도가 낮음
4. 노-중카라쿠치(濃醇辛口): 산도가 높음

니혼슈를 만들 때 현미를 깎아 어느 정도의 쌀을 남기는 지를 나타내는 정미 비율과 양조 알코올 첨가 유무에 따라 나누기도 합니다. 이 분류법은 맛이나 풍미의 차이를 나타내는 중요한 지표로 여겨지며, 니혼슈 병에 붙은 상표나 가게 메뉴판에 따로 적혀 있기도 해요.

제조법에 따른 구분

1. 긴죠-슈(吟釀酒): 정미 비율 60% 이하, 양조 알코올 첨가
2. 쥼마이슈(純米酒): 양조 알코올 무첨가
3. 혼죠-조-슈(本釀造酒): 정미 비율 70% 이하, 양조 알코올 10% 이하

쥼마이슈(純米酒)와 혼죠-조-슈(本釀造酒) 중에는 앞에 '토쿠베츠(特別, 특별)'라는 말이 붙어 있기도 합니다. 특별한 방법으로 제조한 경우 이름 앞에 붙일 수 있어요. 위의 분류법으로 분류하지 않은 니혼슈는 '보통주'라는 의미인 '후츠-슈(普通酒)'라고 부르며, 집에서 편히 마시는 대중적인 술입니다.

니혼슈는 차게 마시거나 따뜻하게 데워 마시는데, 이때 술의 온도를 나타내는 말도 있습니다. 유키비에(雪冷え)는 약 5도로 술의 향을 즐기기는 어렵지만 드

라이한 맛을 느끼기에는 잘 맞는 온도입니다. 하나비에(花冷え)는 약 10도로 술의 섬세한 맛과 적당한 향을 느끼기에 딱 맞는 온도입니다. 스즈비에(涼冷え)는 약 15도로 살짝 시원하게 느껴지는 온도이며 향이 잘 느껴집니다. 히나타캉(日向燗)은 약 30도의 미지근한 온도이며 향이 잘 느껴집니다. 히토하다캉(人肌燗)은 약 35도로 체온과 비슷한 온도이며 니혼슈의 재료인 쌀과 누룩의 맛과 풍미가 잘 느껴집니다. 누루캉(ぬる燗)은 약 40도의 뜨겁지 않은 온도로, 향이 잘 느껴집니다. 죠-캉(上燗)은 약 45도로 잔에 따를 때 김이 날 정도로 따뜻하며 맛이 더 드라이하게 느껴집니다. 토비키리캉(飛びきり燗)은 약 55도로 잔이 뜨겁게 느껴질 정도이며 향과 맛이 가장 드라이하게 느껴집니다.

일본 소주는 희석 소주? 증류 소주?

한국에서 주변 사람들과 한잔할 때 빼놓을 수 없는 술은 바로 소주죠. 1인당 소비량이 한국만큼 많지는 않지만 일본에서도 쇼-츄-(焼酎: 일본식 소주)는 많은 사람들이 즐기는 술입니다. 한국에서는 참이슬이나 처음처럼과 같은 누구나 아는 대중적인 소주 브랜드가 인기가 많다고 한다면 일본은 각 지방마다 제각각 다른 맛을 느끼며 즐길 수 있는 소주가 더 인기가 많습니다. 가게 직원에게 추천을 부탁하면 'OO지역에서 만든 고구마소주를 추천해 드립니다', '이 요리에는 OO소주가 잘 어울려요'와 같이 말해 주기도 해요. 한국에서는 연속식 증류로 만든 희석 소주가 주류인 것에 반해 일본에서는 단식 증류로 만든 증류 소주를 선호합니다. 단식 증류는 고구마, 보리, 쌀 등을 넣어 만든 주정을 한 번의 증류를 통해 소주를 제조하는 재래식 제조법으로, 이 방식으로 만든 술을 일본어로 '홍카쿠쇼-츄-(本格焼酎)'라고 부르며 상표에는 '오츠루이쇼-츄-(乙類焼酎)'라고 표기합니다. 일본 주세법에서는 알코올 도수 45% 이하의 소주를 뜻한다고 규정하고 있지만, 실제로는 대부분 알코올 도수 20%나 25% 정도입니다. 연속식 증류는 사탕수수, 보리, 쌀, 옥수수 등 여러 잡곡과 재료를 넣어여러 번 증류해서 주정을 만드는 방식입니다. 이 방식으로 만든 주정에 물을 희석하여 만들기 때문에 이렇게 만든 소주를 '희석식 소주'라고도 불러요. 일본주세법에서는 알코올 도수 36% 미만의 소주를 뜻한다고 규정하고 있으며 상표

에 '코-루이쇼-츄-(甲類燒酎)'라고 표기합니다. 저렴한 가격에 대량 생산이 가능하며 향이 강하지 않아 일본에서는 소주 등 증류주에 탄산수와 각종 맛을 첨가한 츄-하이(チューハイ)나 사와-(サワー)의 주재료로 쓰기도 해요.

일본의 브랜드 위스키, 인기가 너무 많아 구하기 어렵다?

위스키는 보리로 만든 증류주로, 제조 과정에서 위스키는 맥아를 효소로써 사용합니다. 위스키는 숙성시킬 때 나무통에서 다양한 성분이 녹아 나와 아름다운 호박색을 띠게 됩니다. 아무래도 위스키라고 하면 스코틀랜드의 스카치위스키를 떠올리겠지만 일본 역시 위스키 명산지로 알려지고 있습니다. 특히 최근에는 일본 위스키가 세계적으로 유행하고 있어 고가에 거래되고 있습니다.

1924년 일본 오사카 야마자키에 위스키 양조장이 지어져 1929년 첫 일본산 위스키인 '산토리 위스키'가 발매되었는데 지금도 '산토리 위스키 화이트'라는 이름으로 판매되고 있어요. 그 이후 경제 성장과 함께 위스키 소비량이 늘어 1980년에 '산토리 올드'가 단독 브랜드로서 세계 1위를 차지할 정도로 인기 절정이었습니다. 하지만, 그 이후 일본의 버블 경제 붕괴 시점부터 2000년대에 이르기까지 소비량이 꽤 줄었습니다. 일본에서 위스키는 일부 중장년층이 바에서 즐기는 술이라는 인식이 강해 젊은 사람들이 가볍게 마실 만한 술은 아니었어요. 그래서 산토리는 많은 소비자가 이자카야 등에서도 가볍게 즐길 수 있도록 주력 상품인 가쿠빈에 탄산수를 섞어 먹는 하이볼을 적극적으로 홍보하기 시작했습니다. 덕분에 2010년 이후 위스키, 하이볼이 화려한 부활에 성공할 수 있었지요.

일본 내 일본산 위스키의 시장 점유율은 산토리가 약 70%, 닛카위스키가 약 20%로 이 두 회사가 90%를 차지하고 있습니다. 두 회사 모두 매출로 보면 블렌디드 위스키가 주력 상품이에요. 블렌디드 위스키는 보리 맥아로 만드는 몰트위스키, 옥수수 등 곡물로 만드는 그레인위스키 등 각각 다른 종류의 위스키를 섞어 만든 술로, 맛과 품질을 균일하게 유지하기 쉽습니다. 한편 단일 증류

소에서 만드는 몰트위스키를 '싱글 몰트'라고 부릅니다. 각 증류소의 개성이 강하게 드러나는 것이 특징으로, 일부 싱글 몰트 위스키는 굉장히 인기가 많아요. 최근엔 일본 위스키의 유행으로 생산량이 수요를 따라가지 못하기도 합니다. 이 싱글 몰트 위스키는 블렌디드 위스키 재료 중 하나이기 때문에 일부 인기 있는 블렌디드 위스키 또한 원료 부족으로 생산이 중단되기도 했어요. 산토리의 야마자키(山崎) 10년은 판매 종료, 히비키(響) 17년과 하쿠슈(白州) 12년은 생산을 중단하여 이미 시장에 풀린 위스키도 가격이 급등했습니다. 참고로 위스키 이름 옆에 붙은 연수는 그 위스키에 사용된 원료 중 숙성 기간이 가장 짧은 술의 숙성 기간을 뜻해요. 예를 들어 '히비키(響) 17년'은 들어간 술의 숙성 기간이 가장 짧은 것이 17년이라는 뜻으로 그 이상 된 위스키도 섞여 있을 수 있다는 뜻이죠.

일본의 이자카야에서 만날 수 있는 술

이자카야에서 볼 수 있는 술 중엔 사와-(サワー)/츄-하이(チューハイ), 칵테일, 매실주와 같은 과실주, 와인 등이 있습니다. 사와-, 츄-하이는 서로 같은 술이에요. 츄-하이는 원래 소주로 만든 하이볼을 뜻하는 말이었지만 지금은 범위가 더 넓어져 소주나 보드카에 과즙이나 음료수, 탄산수 등을 넣은 술을 뜻하게 되었습니다. 사와-도 칵테일에 탄산수를 넣은 술이니 결국 츄-하이와 같은 술이죠. 일본 이자카야에서 인기 많은 술 중 하나는 바로 일본을 대표하는 과실주인 우메슈(매실주)입니다. 술을 잘 마시지 못하지만 매실주라면 마실 수 있다는 사람도 있을 정도랍니다. 하지만 알코올 도수가 낮은 편은 아니라 탄산수를 타 먹는 것이 더 마시기 쉬울 거예요. 이자카야엔 와인도 캐주얼한 브랜드를 중심으로 갖춰져 있습니다. 레스토랑에서 전문 소믈리에가 고를만한 고급 와인은 아니지만 합리적인 가격의 와인을 잔술로 즐길 수 있답니다. 또 주스나 차 종류 등도 파는데 이러한 알코올이 들어 있지 않은 음료수를 일본어로 '소후토도링쿠(ソフトドリンク)'라고 불러요. 일본 드라마 「고독한 미식가」에서 주인공인 고로 씨는 술을 못 마셔서 꼭 우롱차를 시키는데 일본에서 우롱차는 술을 못 마시는 사람들의 필수 아이템이기 때문이에요.

日本酒
니혼슈

① 吟醸酒
긴죠ー슈

② 純米酒
쥼마이슈

③ 本醸造酒
혼죠ー조ー슈

④ 特別純米酒
토쿠베츠쥼마이슈

⑤ 特別本醸造酒
토쿠베츠혼죠ー조ー슈

⑥ 生酒
나마슈

⑦ ひやおろし
히야오로시

⑧ 冷酒
레이슈

⑨ 熱燗
아츠캉

焼酎
쇼ー츄ー

⑩ 芋焼酎
이모죠ー츄ー

⑪ 麦焼酎
무기죠ー츄ー

⑫ 米焼酎
코메죠ー츄ー

⑬ そば焼酎
소바죠ー츄ー

⑭ 黒糖焼酎
코쿠토ー쇼ー츄ー

⑮ 泡盛
아와모리

일본 전통주

① 정미비율 60% 이하

② 청주

③ 양조 알코올 넣은 청주

④ 특별게 조한 술

⑤ 특별게 조한 술

⑥ 무가열 일본주

⑦ 가을에 나오는 냉주

⑧ 한 일본주

⑨ 데운 일본주

일본식 소주

⑩ 고구마 소주

⑪ 보리 소주

⑫ 쌀 소주

⑬ 메밀 소주

⑭ 흑당 소주

⑮ 오키나와 소주

ドリンク メニュー

도링쿠메뉴-

発泡酒
합포-슈

8 **アサヒ スタイルフリー**
아사히 스타이루후리-

9 **キリン 淡麗** 키링 탄레이

10 **サントリー MD ゴールデンドライ**
산토리- 에무디-고-루덴도라이

11 **サッポロ 黒ラベル**
삽포로 쿠로라베루

12 **サッポロ 北海道生搾り**
삽포로 혹카이도-나마시보리

036
mp3

ビール
비-루

1 **アサヒ スーパードライ**
아사히 스-파-도라이

2 **キリン ラガービール**
키링 라가-비-루

3 **キリン 一番搾り**
키링 이치반시보리

4 **サントリー ザ ・プレミアム・モルツ**
산토리- 자 프레미아무 모르츠

5 **サッポロ 黒ラベル**
삽포로 쿠로라베루

6 **ヱビス** 에비스

7 **サッポロ クラシック**
삽포로 크라식쿠

第3のビール
다이산노비-루

13 **アサヒ クリアアサヒ**
아사히 쿠리아아사히

14 **キリン のどごし生**
키링 노도고시나마

15 **キリン 本麒麟** 키링 홍키링

16 **サントリー 金麦**
산토리- 킴무기

17 **サッポロ 麦とホップ**
삽포로 무기토홉푸

마실 것

맥주

1. 아사히 슈퍼드라이
2. 기린 라거맥주
3. 기린 이치방시보리
4. 산토리 더 프리미엄 몰츠
5. 삿포로 블랙라벨
6. 에비스
7. 삿포로 클래식
   (홋카이도 한정)

발포주

8. 아사히 스타일프리
9. 기린 탄레이
10. 산토리 MD골든드라이
11. 삿포로 블랙라벨
12. 삿포로 홋카이도 나마시보리

제3의 맥주

13. 아사히 클리어아사히
14. 기린 노도고시나마
15. 기린 혼기린
16. 산토리 긴무기
17. 삿포로 무기토호프

227

その他
소노타

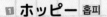

1 **ホッピー** 홉피

2 **ハイボール** 하이보-루

3 **レモンサワー** 레몬사와-

4 **生搾りレモンサワー**
나마시보리레몬사와-

5 **グレープフルーツサワー**
그레-프후르-츠사와-

6 **ゆずサワー** 유즈사와-

7 **ウーロンハイ** 우-롱하이

8 **緑茶ハイ** 료쿠챠하이

037
mp3

果実酒・カクテル
카지츠슈 / 카쿠테루

9 **梅酒** 우메슈

10 **柚子酒** 유즈슈

11 **みかん酒** 미칸슈

12 **カルーアミルク**
카루-아미르쿠

13 **カシスオレンジ**
카시스오렌지

14 **ファジーネーブル**
화지-네-부루

15 **モスコミュール**
무스코뮤-르

16 **ソルティドッグ**
소르티독그

17 **シャンディガフ**
샨디가후

18 **レッドアイ**
렛도아이

19 **ジントニック**
진토닉크

기타

1 맥주풍 음료수

2 하이볼

3 레몬사워

4 짜 먹는 레몬사워

5 자몽사워

6 유자사워

7 우롱차 츄하이

8 녹차 츄하이

과실주/칵테일

9 매실주

10 유자주

11 감귤주

12 깔루아 밀크

13 카시스 오렌지

14 퍼지 네이블
   (복숭아술+오렌지주스)

15 모스크바뮬
   (보드카+진저에일+라임주스)

16 솔티도그(자몽주스+진+소금)

17 샌디개프(맥주+진저에일)

18 레드아이(맥주+토마토주스)

19 진토닉

229

ワイン
와잉

1. **赤ワイン** 아카와잉
2. **白ワイン** 시로와잉
3. **ロゼワイン** 로제와잉
4. **スパークリングワイン**
   스파-크링그와잉
5. **シャンパン** 샴팡
6. **グラスワイン** 그라스와잉
7. **ボトルワイン** 보토루와잉

ソフトドリンク
소후토도링쿠

8. **コーラ** 고-라
9. **サイダー** 사이다-
10. **ジンジャーエール** 진쟈-에-루
11. **オレンジジュース** 오렌지쥬-스
12. **メロンソーダ** 메론소-다
13. **レモネード** 레모네-도
14. **カルピスウォーター**
    카루피스워-타-
15. **ウーロン茶** 우-롱챠

와인

1. 레드와인, 적포도주
2. 화이트와인, 백포도주
3. 로제와인
4. 스파클링와인
5. 샴페인
6. 글래스 와인, 잔술
7. 병 와인

음료수

8. 콜라
9. 사이다
10. 진저에일
11. 오렌지주스
12. 멜론소다
13. 레몬에이드
14. 칼피스워터
15. 우롱차

居酒屋メニュー

이자카야메뉴−

熱燗と 合います！

아츠칸토 아이마스!

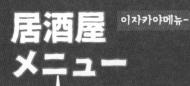

사쿠사쿠

サクサク

焼きもの 야키모노

おすすめ 오스스메

1 ホッケ焼き 혹케야키
2 イカ焼き 이카야키
3 ししゃも 시샤모
4 焼き鳥 야키토리
5 つくね 츠쿠네

揚げもの 아게모노

6 フライドポテト
후라이도포테토

7 唐揚げ 카라아게

人気NO.1 닝키

8 なんこつ揚げ 낭코츠아게
9 ハムカツ 하무카츠

つまみ 츠마미

10 枝豆 에다마메
11 漬け物盛り合わせ
츠케모노모리아와세
12 塩辛 시오카라
13 チャンジャ 찬쟈
14 エイヒレ 에이히레
15 キムチ 키무치
16 たこわさ 타코와사

17 冷奴 히야약코
18 煮込み(もつ煮)
니코미(모츠니)
19 酢もつ 스모츠
20 牛すじ 규−스지
21 もろきゅう 모로큐−
22 冷やしトマト 히야시토마토
23 キャベツ 캬베츠

요리주점 메뉴

따뜻하게 데운 일본주와 잘 어울려요!

구이류

추천 메뉴
1. 임연수구이
2. 오징어구이
3. 열빙어구이
4. 닭꼬치
5. 닭완자꼬치

튀김류

6. 감자튀김
7. 가라아게, 닭튀김

인기 NO.1
8. 닭연골튀김
9. 햄튀김, 햄가스

간단한 안주

10. 삶은 풋콩
11. 모둠 채소 절임
12. 젓갈(보통 오징어젓갈)
13. 창난젓
14. 말린 가오리 지느러미
15. 김치
16. 고추냉이문어무침

17. 냉두부
18. 곱창조림
19. 내장초무침, 내장초절임
20. 소힘줄조림
21. 된장에 찍어 먹는 생오이
22. 썰은 냉토마토
23. 생양배추

サラダ 사라다

1 **ポテトサラダ**
포테토사라다

2 **シーザーサラダ**
시-자-사라다

3 **大根サラダ**
다이콘사라다

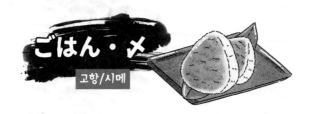

ごはん・〆 고항/시메

4 **おにぎり** 오니기리

5 **焼きおにぎり** 야키오니기리

6 **焼きそば** 야키소바

7 **焼きうどん** 야키우동

8 **お茶漬け** 오챠즈케

その他 소노타

9 **だし巻き卵** 다시마키타마고

10 **餃子** 교-자

11 **肉じゃが** 니쿠쟈가

12 **じゃがバター** 쟈가바타-

13 **刺し身盛り合わせ**
사시미모리아와세

샐러드

1 감자샐러드   2 시저샐러드   3 무샐러드, 무채샐러드

식사/마무리

4 주먹밥, 삼각김밥   7 볶음우동
5 구운 주먹밥   8 녹차에 말아 먹는 밥
6 볶음면

기타

9 육수 넣은 계란말이   12 버터감자
10 교자, 군만두   13 모둠회
11 고기감자조림

235

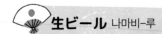 生ビール 나마비-루

생맥주

손잡이 달린 큰 생맥주잔을 일본어로 '죳키(ジョッキ)'라고 하며 그중 제일 작은 잔인 쇼-죳키(小ジョッキ)는 약 200~300ml 정도입니다. 기본이 되는 중간 크기인 츄-죳키(中ジョッキ)는 약 350~500ml 정도로, 이 잔에 나오는 생맥주를 '나마츄-(生中)'라고 부르기도 해요. 가장 큰 잔인 다이죳키(大ジョッキ)는 약 700~800ml 정도예요. 만약 더 적은 양의 생맥주를 원하면 '쇼-그라스(小グラス)'로 주문하면 됩니다. '쇼-그라스'는 원래 병맥주를 주문하면 같이 주는 작은 맥주잔인데, 죳키 대신 쓰기도 합니다. 여담이지만 이자카야 등에서 생맥주를 주문할 때는 '나마비루'가 아닌 '나마비-루'라고 말해야 합니다. '나마비-루나 나마비루나 그게 그거 아니야? 뭐가 달라?'라고 의문을 가질지도 모르지만 장음을 중요하게 생각하는 일본어에서 '비-루(ビール)'는 맥주를 뜻하고 '비루(ビル)'는 빌딩, 건물을 뜻하는 명백하게 다른 단어이기 때문에 일본인들은 명확하게 두 단어를 구분하지요. 물론 이자카야에서는 외국인 손님을 자주 보니 생맥주를 시킬 때 '나마비루'라고 말해도 알아듣긴 하겠지만, 중간에 있는 장음을 조금 더 강조해서 '비이루'라고 말하는 연습을 한다면 더 원어민 발음에 가까워지겠지요.

ホッピー 홉피-

맥주풍 음료수

1948년 도쿄 아카사카의 '홉피-비바렛지(ホッピービバレッジ)'에서 발매한 음료입니다. 맥아와 홉으로 만들었으며 제조 과정은 맥주와 비슷하지만 알코올 도수가 1% 미만이기 때문에 음료수로 분류됩니다. 주세가 붙지 않아 가격이 저렴한 편이며 일본에서는 주로 일본 소주인 쇼-츄-(焼酎)에 섞어 마시는데 마치 일본식 소맥 같은 느낌입니다. 기본 맛인 '시로홉피-(白ホッピー)', 4종의 맥아를 섞어 만들어 색이 검은 '쿠로홉피-(黒ホッピー)', 홉피- 탄생 55주년을 기념해 만든 프리미엄 맛 '55홉피-(55ホッピー)' 등이 있어요. 주로 도쿄에 있는 서민적인 이자카야(술집)에서 제공하는데 최근에는 도쿄 이외의 지방에서도 유통량이 늘어난 듯합니다.

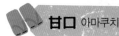 甘口 아마쿠치

단맛이 느껴지는 일본주

약간 단맛이 느껴지고 뒷맛이 길게 남는 특징이 있으며 진하고 무겁다고 느껴지기도 합니다. 향이 좋고 과일 같은 풍미가 있는 술이거나 탄산이 들어 있는 스파클링 니혼슈(일본주)에 아마쿠치가 많은 편이에요. 니혼슈에 익숙하지 않은 초보자도 편히 마실 수 있다고 합니다. '탄레-아마쿠치(淡麗甘口)'는 텐푸라(튀김), 카라아게(닭튀김)와 같은 튀김류, '노-쥰아마쿠치(濃醇甘口)'는 스키야키, 전골 요리와 같은 맛이 진한 음식과 잘 어울립니다. 향신료가 많이 들어간 아시아 요리와 먹어도 맛있다고 해요. 또, 아마쿠치는 안주나 요리 없이 술만 즐겨도 맛있습니다.

辛口 카라쿠치

단맛이 적고 드라이한 일본주

산뜻하며 드라이한 맛으로 당도가 다소 낮고 감칠맛이나 산미 등 니혼슈(일본주)의 여러 특징들도 느껴집니다. 원래는 니혼슈에 익숙한 사람이나 나이 든 사람들이 선호하는 편이었지만, 이제는 남녀노소 할 것 없이 누구나 즐기는 술이 되었습니다. 궁합이 잘 맞는 요리를 찾는 것도 쉬운 편이에요. '탄레-카라쿠치(淡麗辛口)'는 맛이 깔끔해 재료 자체의 맛을 살린 요리, 특히 소금으로 맛을 낸 음식과 잘 어울립니다. 생선소금구이, 젓갈, 와사비(고추냉이) 간장을 찍은 사시미(회)와 같이 드셔 보세요. '노-츙카라쿠치(濃醇辛口)'는 간이 세고 감칠맛이 제대로 느껴지는 요리와 잘 어울립니다. 간장으로 맛을 낸 니자카나(생선조림)와 같이 먹으면 맛있어요.

生酒 나마슈

가열 처리를 하지 않은 일본주

나마슈는 온도에 민감해 반드시 냉장 보관을 해야 합니다. 마실 때는 차갑게 마시며 화려한 과일 향과 신선한 맛이 특징입니다. 나마슈 중 물을 넣지 않고 만든 술을 '나마겐슈(生原酒)'라고 합니다. 나마슈보다 맛이 진해요. 안 그래도 니혼슈는 온도 관리가 까다로워 해외로 수출하기 어려운데 그중 특히 나마슈는 품질 관리나 유통기한 관리가 까다로워 수출이 어렵습니다. 혹시 일본에서 나마슈를 보게 된다면 꼭 한번 도전해 보시는 걸 추천합니다.

ひやおろし 히야오로시

가을에 나오는 일본주

보통 니혼슈는 겨울에서 봄 시기에 양조하며 맛이나 풍미를 지키기 위해 가열 처리를 합니다. 그런데 히야오로시는 가을에 양조하고 가열을 한 번밖에 하지 않아 부드러운 맛을 느낄 수 있어요. 제철에 맞는 음식과 같이 마시며 가을의 정취를 느낄 수 있다는 점이 매력적이며 주로 차갑게 마십니다.

冷酒 레이슈

냉주, 차게 마시는 일본주

술을 따뜻하게 데우면 향이 사라지기 때문에 향을 즐기는 것이 중요한 술은 차게 마시는 게 좋다고 합니다. 보통 주문할 때 따로 말하지 않는다면 차게 나옵니다. 레이슈는 온도에 따라 이름이 바뀌는데 특별히 원하는 온도가 없다면 레이슈의 온도(종류명)까지는 말하지 않아도 됩니다. 직원이 알아서 잘 맞는 온도로 줄 거예요. 긴죠-슈나 나마슈가 차갑게 먹는 레이슈입니다.

冷や 히야

상온에 보관한 미지근한 일본주

일본 식당에서 냉수를 '오히야(お冷や)'라고 부르기 때문에 니혼슈의 '히야(冷や)'를 냉주라고 착각하는 사람도 있지만 실은 그렇지 않습니다. 냉장고가 없던 시절에는 상온에서 보관한 니혼슈를 주거나 따뜻하게 데워 줄 수 밖에 없었기 때문에 상대적으로 차가운 상온 보관 술을 '히야(冷や)'라고 불렀으며 그 명칭이 지금까지 이어지는 거랍니다.

熱燗 아츠캉

따뜻하게 데운 일본주

추운 날에 오뎅(어묵탕)이나 전골 요리 등과 같은 따뜻한 음식과 같이 마시면 잘 어울립니다. 감칠맛이나 산미가 제대로 있는 니혼슈를 따뜻하게 마시는 게 좋다고 합니다. '레이슈(冷酒)'처럼 온도에 따라 이름이 달라지는데, 특별히 원하는 온도가 없다면 온도에 따른 이름까지는 말하지 않아도 됩니다. 직원이 알아서 줄 거예요.

酒器 슈키

술 마시는 데 쓰는 그릇(기구)

술병이나 술잔도 니혼슈를 즐기기 위한 중요한 요소 중 하나입니다. 간혹 1~2홉의 니혼슈를 수분하면 '톡쿠리(徳利)'라고 하는 도자기나 금속으로 된 술병에 주기도 해요. 한입에 털어 넣을 크기의 술잔인 '오쵸코(お猪口)'나 그보다는 큰 '구이노미(ぐい呑み)'라는 술잔도 톡쿠리와 함께 정취 있는 분위기를 연출할 수 있습니다. 또, 레이슈(냉주)를 마실 때 사용하는 유리 술잔 중에는 '키리코(切子)'라는 화려한 전통 장식이 있는 잔도 있습니다. 특히 옛 도쿄식 유리잔인 '에도키리코(江戸切子)'나 옛 가고시마식 유리잔인 '사츠마키리코(薩摩切子)'는 술의 매력을 더 키워 주는 존재입니다. 니혼슈를 마실 때는 같이 나오는 술병과 술잔에도 꼭 주목해 보세요.

芋焼酎 이모죠-츄-

고구마 소주

단맛과 진한 향이 특징이며 개성이 강한 편이라 약간 호불호가 갈리는 술입니다. 일본 규슈지방 가고시마현이나 미야자키현 등 기온이 높은 남쪽 지방에서 많이 만드는 술로 특히 가고시마현은 고구마 명산지인만큼 맛있는 고구마 소주가 많아요. 주요 상표명으로는 가고시마현의 모리이조-(森伊蔵), 미야자키현의 키리시마(霧島) 등이 있습니다.

麦焼酎 무기죠-츄-

보리소주

고소한 보리 향이 느껴지며 맛이 깔끔해 비교적 마시기 편하며 규슈 지방의 나가사키현에서 처음 만들어졌어요. 주요 상표명으로는 나가사키현의 이이치코(いいちこ), 오이타현의 니카이도-(二階堂) 등이 있습니다. 니카이도-는 특히 탄산수(ソーダ: 소-다)를 타 먹는 니카이도-를 줄인 니카소-(ニカソー)라 불리며 SNS상에서도 큰 인기를 끌고 있습니다.

米焼酎 코메죠-츄-

쌀소주

쌀의 단맛과 감칠맛이 느껴지며 다양한 일식과 잘 어울려 곁들여 마시기 좋은 술이에요. 주요 상표명으로는 야마구치현의 닷사이(獺祭), 구마모토현의 하쿠타케(白岳)와 깅카토리카이(吟香鳥飼) 등이 있습니다.

そば焼酎 소바죠-츄-

메밀소주

약간의 단맛과 메밀 향이 잘 느껴지는 소주입니다. 주요 상표명으로는 미야자키현의 운카이(雲海)와 토와리(十割), 나가노현의 텐잔토가쿠시(天山戸隠) 등이 있습니다.

黒糖焼酎 코쿠토-쇼-츄-

흑당 소주

흑설탕과 쌀누룩을 사용해 만든 술로, 소주 특유의 냄새가 없고 흑설탕의 부드러운 단맛과 쌀 본연의 맛을 느낄 수 있어요. 가고시마현 아마미 군도에서 생산되는 향토 소주입니다. 주요 상표명으로는 아마미(奄美), 렌토(れんと), 사토노아케보노(里の曙) 등이 있습니다.

泡盛 아와모리

오키나와 소주

흑곡과 안남미를 발효시켜 만드는 오키나와 전통주로, 증류하는 방식으로 만들기 때문에 소주의 일종이라고 할 수 있어요. 단맛이 강하고 농후한 향이 느껴지는 것이 특징입니다. 알코올 도수는 25~40도 정도이며 50도를 넘는 굉장히 독한 아와모리도 있어요.

焼酎グラス 쇼-츄-그라스

소주잔

한국 소주잔처럼 작은 잔부터 더 큰 잔까지 크기가 다양합니다. 마실 때 정해진 예절이 따로 있는 건 아니지만 한국에서 소주를 마실 때처럼 단숨에 다 마시는 사람은 많지 않습니다. 잔의 재질은 유리, 도자기, 금속 등 다양합니다. 소주 생산지와 같은 지역의 잔을 고르는 것만으로도 운치를 느낄 수 있어요. 특히 소주 문화의 중심지 규슈 지방은 특색 있는 도자기 잔으로 유명한 지역이기도 합니다. 사가현의 카라츠야키(唐津焼), 아리타야키(有田焼), 나가사키현의 하사미야키(波佐見焼), 가고시마현의 사츠마야키(薩摩焼) 등이 특히 유명해요. 유리잔 중에서는 도쿄의 에도키리코(江戸切子), 가고시마현의 사츠마키리코(薩摩切子)가 굉장히 아름다워 인기가 많습니다. 예쁜 잔에 술을 마시며 눈으로도 즐겨 보세요.

 ## 水割り 미즈와리

소주, 위스키에 물을 타 먹는 방식

소주와 물의 비율은 6:4를 기본으로 하되, 맛이 강하다면 5:5, 4:6과 같이 조절하면 됩니다. 마실 때는 술잔에 먼저 소주를 따른 뒤 물을 타는 것이 좋습니다. 위스키를 마실 때는 위스키와 물을 1:2 혹은 1:2.5 정도의 비율로 물을 더 많이 넣어 만듭니다.

 ## お湯割り 오유와리

소주에 뜨거운 물을 타 먹는 방식

소주와 물의 비율은 6:4를 기본으로 하며, 보통 70도 정도의 뜨거운 물에 찬 쇼-츄-(焼酎: 일본 소주)를 타서 40~45도의 적당한 온도로 만들어 마십니다. 술잔에 먼저 뜨거운 물을 따른 뒤 소주를 넣는 것이 좋습니다. 그래야 서로 잘 섞여 맛이 좋아지고 온도 조절도 쉽게 할 수 있기 때문입니다. 오유와리로 마시면 향과 감칠맛이 더 잘 느껴지며 부드러운 맛을 느낄 수 있습니다. 술이 묽어진다고 생각할 수 있지만 오히려 향과 알코올이 잘 느껴지기 때문에 많이 마시지 않아도 만족감을 느낄 수 있다고 합니다. 또한 따뜻한 술은 체내에 알코올이 흡수되는 속도가 빨라 차갑게 마시는 것보다 조금 더 빨리 취할 수 있다고 합니다.

ソーダ割り 소-다와리

소주에 탄산수를 타 먹는 방식

'탄상와리(炭酸割り)'라고도 하는 소-다와리는 쇼-츄-(焼酎: 일본 소주) 본래의 향이나 맛을 느끼기는 어렵지만 시원한 음료수를 마시듯 가볍게 마실 수 있다는 점이 장점이에요. 쇼-츄-를 마시기 힘든 사람도 편히 즐길 수 있습니다. 비슷한 술로 '츄-하이(チューハイ)'가 있는데, 츄-하이는 탄산수를 섞은 소주에 각종 맛을 더한 술입니다. 예를 들면 레몬 맛을 더한 레몬츄-하이(=레몬사와-)가 있어요. 참고로 위스키와 탄산수를 섞은 술을 하이볼이라고 하는 건데 츄-하이를 쇼-츄-하이보-루(焼酎ハイボール)라고 부르기도 해요. 여러 호칭들이 혼란스럽긴 하지만 다 소주를 시원하게 마시기 위해 만든 술이라는 점에서 일맥상통한다고 생각하면 될 듯합니다.

 ## ロック 록쿠

온더록스(유리잔에 얼음덩어리와 술을 넣어 마시는 방식)

온더록스의 줄임말로, 깔끔한 소주 본연의 맛을 잘 느낄 수 있어요. 얼음이 녹으면서 맛이 부드럽게 바뀌는 점도 재미있습니다. 위스키 또한 같은 방식으로 마시며 차가운 잔에 마셔야 더 맛있습니다.

 ## ストレート 스토레-토

스트레이트(술에 물 따위를 타지 않고 그냥 마시는 일)

소주는 미즈와리(물 타 먹기)나 소다와리(탄산수 타 먹기) 등 뭔가를 섞어 마시는 게 일반적이지만 소주 본연의 맛과 풍미를 잘 느끼기 위해 그대로 마시는 사람도 있습니다. 맛이 강해서 마시기 힘들 수도 있지만 소주에 익숙하다면 도전해 볼 만합니다. 미지근하게 마셔야 소주의 맛을 가장 잘 느낄 수 있긴 하지만 차게 하거나 따뜻하게 데워 마시기도 해요. 한국에서는 소맥처럼 소주를 맥주에 섞어 마시기도 하지만 일본에서는 일반적으로 그렇게 마시지 않습니다. 다른 음식도 마찬가지이지만 손님이 스스로 섞어서 먹거나 마시거나 하는 문화가 없기 때문일지도 몰라요. 그래서 술과 다른 것을 섞어 먹는 츄-하이(チューハイ) 등은 이미 섞인 상태로 나옵니다. 위스키도 스트레이트로 마시는데 기본적으로 미지근한 온도로 마시며 위스키를 마시고 곧바로 물을 한 모금씩 마시기도 합니다.

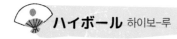
ハイボール 하이보-루

하이볼(위스키 등의 술에 탄산수를 섞어 만든 음료)

쪽키(ジョッキ: 손잡이가 달린 큰 술잔)에 레몬즙이나 자른 레몬을 넣고 얼음을 가득 넣은 후 탄산수와 위스키를 4:1 정도의 비율로 따라 만듭니다. 하이볼은 술의 맛이 그리 세지는 않지만 위스키의 풍미와 감칠맛을 잘 느낄 수 있다는 점과 요리의 맛을 돋보이게 해 준다는 점이 장점이지요. 가끔 하이볼의 위스키 비율을 높여 진하게 마시고 싶은 경우도 있겠지만 가게에서 진하게 해달라는 부탁을 들어줄지는 알 수 없습니다. 간혹 서비스로 좀 진하게 만들어 줄 수도 있지만 체인점 등에서는 정해진 레시피로 만들기 때문에 안 해 주는 경우가 많지요. 그러니 요청을 들어주지 않는다고 해서 서비스가 안 좋다고 할 순 없어요. 이러한 점을 미리 알아 두시는 편이 좋겠습니다.

シングル・ダブル 싱구루/다부루

위스키의 양(싱글/더블)

위스키를 잔에 따를 때의 양을 말하는 것으로, 싱글은 30ml, 더블은 60ml입니다. 주로 바에서 스트레이트(물을 타지 않고 그냥 마시는 방법)나 온더록스(유리잔에 얼음덩어리와 술을 넣어 마시는 방법)로 위스키를 주문할 때 들을 수 있는 표현으로, 따로 말하지 않으면 보통 싱글로 나옵니다.

ボトルキープ 보토루키-프

술집에 마시다 만 술을 맡겨 놓는 일

한번에 다 마시기엔 어려울 정도로 양이 많은 병 술을 가게에서 보관을 전제로 판매하는 경우도 있는데 남은 술을 맡기는 것을 일본어로 '보토루키-프(ボトルキープ)'라고 해요. 술을 맡기면 병에 구매자의 이름을 써서 가게에 진열해 둡니다. 보통은 단골 손님이 쓰는 방법이긴 하지만 일본 여행을 갔을 때 가게에 보관이 가능한지 물어봐도 좋습니다. 일본 여행에서 소주나 위스키를 가게에 보관해 둔다면 진정한 여행 고수라고 할 수 있겠죠. 만약 술을 맡기게 된다면 약속한 기한 내에 꼭 다시 가게에 방문해야 합니다.

生搾りレモンサワー 나마시보리레몬사와-

짜 먹는 레몬사워

절반으로 자른 레몬과 레몬즙짜개, 사워(소주에 탄산수를 타서 만든 음료)가 각각 따로 나와 손님이 직접 과즙을 짜서 먹는 것을 '나마시보리'라고 합니다. 레몬이나 자몽 등으로 해 먹어요.

(お)つまみ (오)츠마미

간단한 안줏거리

간단한 안줏거리를 일본어로 츠마미(つまみ) 혹은 오츠마미(おつまみ)라고 부릅니다. 일부 일본 식당에서는 '사케노사카나(酒の肴)'라고 표기하기도 합니다. 대부분 술과 같이 바로 제공하기 위해 미리 만들어 두는데, 밑반찬처럼 먹는 간단한 안주이니 처음 술을 시킬 때 같이 오츠마미 여러 개를 시키면 좋을 거예요. 또 튀김류나 야키토리(닭꼬치), 교자(군만두)와 같은 이자카야메뉴-(居酒屋メニュー)라고 하는 술과 잘 어울리는 메뉴도 있습니다. 대부분의 일본 이자카야의 메뉴는 간단한 안주인 츠마미, 요리 메뉴인 이자카야메뉴-, 그리고 그 가게만의 독자적인 메뉴인 메-부츠메뉴-(名物メニュー)로 구성되어 있습니다.

B 먼저 마실 것부터 주문 도와드리겠습니다.
お先に お飲み物から ご注文を 伺います。
오사키니 오노미모노카라 고츄-몽오 우카가이마스

A 일단 생맥주 중 사이즈로 4잔 주세요.
とりあえず、生ビール 中ジョッキで 4人分 お願いします。
토리아에즈, 나마비-루 츄-죳키데 요님붕 오네가이시마스

B 생맥주는 아사히와 기린 중에서 고르실 수 있습니다.
生ビールは アサヒと キリンから お選び いただけます。
나마비-루와 아사히토 키링카라 오에라비 이타다케마스

A 전부 다 아사히로 주세요.
全部 アサヒで お願いします。
젬부 아사히데 오네가이시마스

A 저기요, 삿포로 맥주가 있나요?
すみません、サッポロ ビールは ありますか？
스미마셍, 삽포로 비-루와 아리마스카?

B 네, 삿포로 블랙 라벨이 있습니다.
はい、サッポロ 黒ラベルが ございます。
하이, 삽포로 쿠로라베루가 고자이마스

B 생맥주와 병맥주가 있는데 어느 걸로 드릴까요?

ジョッキと 瓶ビールが ありますが、
どちらで お出し しましょうか？

족키토 빔비-루가 아리마스가, 도치라데 오다시 시마쇼-카?

병맥주로 주세요. **A**

瓶ビールで お願いします。

빔비-루데 오네가이시마스

B 작은 맥주잔은 몇 개 드릴까요?

グラスは おいくつ お持ちしますか？

그라스와 오이쿠츠 오모치시마스카？

4잔 주세요. **A**

よっつ お願いします。

욧츠 오네가이시마스

A 이건 뭔가요?

これは 何ですか？

코레와 난데스카？

이 지역에서 만들어진 수제 맥주입니다. **B**

この 地域で 作られている クラフトビールです。

코노 치이키데 츠쿠라레테이루 쿠라후토비-루데스

이 맥주는 어떤 맛인가요?

この ビールは どんな 味ですか？

코노 비-루와 돈나 아지데스카?

향이 아주 좋고, 맛이 깔끔해서 마시기 편해요.

**香りが とても よく、味が すっきりしていて
飲みやすいですよ。**

카오리가 토테모 요쿠, 아지가 슥키리시테이테
노미야스이데스요

어떤 니혼슈를 추천하시나요?

おすすめの 日本酒は どれですか？

오스스메노 니혼슈와 도레데스카?

이 니혼슈는 이 지역 술인데, 약간 단맛이 있어 마시기 편해요.

**この 日本酒は この 地域のものですが、
甘口で 飲みやすいですよ。**

코노 니혼슈와 코노 치이키노모노데스가,
아마쿠치데 노미야스이데스요

이건 꽤 드라이한 술인데, 저희 요리와 잘 어울립니다.

**こちらは かなり 辛口ですが、
私達の 料理と よく 合います。**

코치라와 카나리 카라쿠치데스가,
와타시타치노 료-리토 요쿠 아이마스

B 마시는 방법은 어떻게 하시겠습니까?
飲み方は いかが いたしますか?
노미카타와 이카가 이타시마스카?

물을 섞어 주세요. **A**
水割りで お願いします。
미즈와리데 오네가이시마스

A 이 소주는 어떤 종류인가요?
この 焼酎は どんな 種類ですか?
코노 쇼-츄-와 돈나 슈루이데스카?

가고시마현의 고구마 소주입니다. 단맛이 조금 강한 편이에요. **B**
鹿児島県の 芋焼酎です。 甘みが ちょっと 強い方ですよ。
카고시마켄노 이모죠-츄-데스. 아마미가 춋토 츠요이호-데스요

A 추천할 만한 소주가 있나요?
おすすめの 焼酎は ありますか?
오스스메노 쇼-츄-와 아리마스카?

이 지방에서 생산된 고구마 소주와 보리소주가 있습니다. **B**
この 地方で 作られた 芋焼酎と 麦焼酎が あります。
코노 치호-데 츠쿠라레타 이모죠-츄-토 무기죠-츄-가 아리마스

B (위스키) 싱글, 더블 중 어느 쪽으로 드릴까요?
シングル、ダブル、どちらに しますか？
싱구루, 다부루, 도치라니 시마스카?

싱글로 주세요. **A**
シングルで お願いします。
싱구루데 오네가이시마스

A 이 술을 보관 가능한가요?
この お酒は ボトルキープ できますか？
코노 오사케와 보토루키-푸 데키마스카?

오늘부터 6개월간은 가능합니다. **B**
今日から ６ヶ月間は できますよ。
쿄-카라 록카게츠캉와 데키마스요

B 그냥 레몬사워와 짜 먹는 레몬사워가 있는데,
어느 쪽으로 하시나요?
**普通の レモンサワーと 生搾りレモンサワーが
ありますが、どちらにしますか？**
후츠-노 레몬사와-토 나마시보리레몬사와-가
아리마스가, 도치라니 시마스카?

그냥 레몬사워를 주세요. **A**
普通の レモンサワーを ください。
후츠-노 레몬사와-오 쿠다사이

A

와인은 어떤 것이 있나요?

ワインは どんなものが ありますか？

와잉와 돈나모노가 아리마스카?

B

적포도주와 백포도주가 각각 잔술과 병으로 준비되어 있습니다.

赤ワインと 白ワインで、それぞれ グラスと ボトルが あります。

아카와인토 시로와인데, 소레조레 그라스토 보토루가 아리마스

A

이 일본주에 잘 어울리는 요리는 뭔가요?

この 日本酒に よく 合う 料理は 何ですか？

코노 니혼슈니 요쿠 아우 료-리와 난데스카?

B

단맛이 적은 일본주라서 붉은 살 생선회가 잘 어울려요.

辛口の 日本酒なので、赤身の さしみが よく 合いますよ。

카라쿠치노 니혼슈나노데, 아카미노 사시미가 요쿠 아이마스요

A 저기요, 음료 메뉴판을 주시겠어요?

すみません、ドリンクメニューを もらえますか？

스미마셍, 도링크메뉴-오 모라에마스카?

B 빈 맥주잔을 치워 드려도 될까요?

空いた ジョッキを お下げして よろしいでしょうか？

아이타 죡키오 오사게시테 요로시이데쇼-카?

B 이 일본주는 잔술, 한 홉 병, 두 홉 병이 있습니다.

この 日本酒は グラス、一合瓶、二合瓶が あります。

코노 니혼슈와 그라스, 이치고-빙, 니고-빙가 아리마스

A 이 일본주를 데워서 주시겠어요?

この 日本酒を 熱燗で いただけますか？

코노 니혼슈오 아츠칸데 이타다케마스카?

B 술병이 뜨거우니 조심하세요.

徳利が 熱いので、お気を つけください。

톡쿠리가 아츠이노데 오키오 츠케쿠다사이

A 혹시 술병을 잠깐 빌릴 수 있나요? 같이 사진을 찍고 싶어서요.

もしできれば、一升瓶を 少し 貸して いただけますか？
一緒に 写真を 撮りたいので。

모시데키레바 잇쇼-빙오 스코시 카시테 이타다케마스카?
잇쇼니 샤싱오 토리타이노데

A 이 소주의 이름은 어떻게 읽나요?

この 焼酎の 名前は 何と 読みますか?

코노 쇼-츄노 나마에와 난토 요미마스카?

A 체이서를 한 잔 더 주시겠어요?

チェイサーを もう 1杯 いただけますか?

체이사-오 모- 입파이 이타다케마스카?

> 💡 체이서란 위스키 등 독한 술을 마신 뒤에 곧바로 마시는 물이나 도수가 없는 음료수, 혹은 도수가 낮은 술 등을 의미합니다.

A 우롱차 츄하이 4잔이랑 우롱차 하나 주세요.

ウーロンハイを よっつと ウーロン茶を ひとつ ください。

우-롱하이오 욧츠토 우-롱챠오 히토츠 쿠다사이

A 매실주에 탄산수를 타서 주세요.

梅酒を ソーダ割りで ください。

우메슈오 소-다와리데 쿠다사이

A 저기요, 음료수도 파나요?

すみません、ソフトドリンクの メニューは ありますか?

스미마셍, 소후토도링쿠노 메뉴-와 아리마스카?

나만의 일본여행 Q&A

한국의 치맥처럼 일본 사람들이 술과 함께 자주 즐기는 음식 조합이 있나요?

일본에 치맥(치킨과 맥주)처럼 누구나 떠올릴 만한 술과 안주 조합은 없습니다. 굳이 말하자면 맥주와 닭꼬치 혹은 맥주와 군만두 정도겠네요. 하지만 치맥처럼 모두가 즐기는 조합은 아닌 듯합니다. 뭐가 됐든 어떤 술에 무슨 음식이 잘 어울리는지에 대한 정답은 없습니다. 예를 들어 사시미(회)는 니혼슈(일본주), 쇼-츄-(일본 소주), 와인 등 어떤 술과 같이 먹어도 어울리니 각자의 취향에 맞게 먹으면 되는 것이죠. 식당에서 어떤 술과 요리가 서로 궁합이 잘 맞는지 모르겠다면 직원에게 추천을 부탁해도 좋을 듯합니다.

일본에서 술은 몇 살부터 살 수 있나요?

일본에서 음주는 만 20세 이상만 가능합니다. 외국인도 일본에서는 일본 법을 따라야 하니 주의하세요. 술을 파는 마트, 편의점, 술집, 식당 등에서는 술을 살 때 나이를 확인하기도 합니다. 편의점 등에서는 계산대 화면에 뜨는 '20세 이상(20歳以上)' 버튼을 누르며 술집이나 식당 등에서는 신분증(여권)을 보여 줘야 합니다. 미성년자도 술집에 들어갈 수는 있지만 술 주문은 불가능하며 가게에 들어갈 때 나이를 확인하기도 해요.

일본주를 따라 줄 때 왜 술잔이 넘치도록 따라 주나요?

니혼슈(일본주)를 주문하면 직원이 술잔에 잔과 아래 상자 같은 나무 받침까지 가득 차도록 따라 주는 경우가 있어요. 이럴 때 어떻게 마셔야 하는지, 아래 나무 받침에 고인 술까지도 마셔도 되는지 궁금하셨죠? 니혼슈의 술잔과 같이 나오는 나무 받침을 일본어로 '마스(桝)'라고 하며 술을 잔에 흘러 넘쳐 마스까지 차도록 따라 주는 걸 '모리코보시(盛りこぼし)'라고 합니다. 원래 니혼슈를 한 홉 병(180ml) 단위로 팔았던 시절엔 술잔이 병보다 작아 다 들어가지 않았기 때문에 아래의 마스까지 차도록 따라 줬다고 합니다. 그 풍습에 유래해서 지금도 그렇게 주는 가게가 있어요. 이제는 일종의 서비스이자 퍼포먼스인 셈이죠. 이런 니혼슈를 마시는 방법은 딱히 정해져 있진 않습니다. 먼저 술잔에 들어 있는 술을 조금 마신 뒤 마스에 담긴 술을 잔에 채우고 술잔 아래 묻은 술은 물수건으로 닦고 마시면 됩니다. 아니면 마스에 직접 입을 대고 마셔도 문제 없어요.

일본 이자카야에 냉토마토와 양배추가 있어 궁금해서 시켜 봤더니 그냥 토마토랑 양배추가 썰어 나오더라고요. 단품 요리로 먹는 게 맞나요?

네, 일본 이자카야에서 흔한 안주입니다. 한국인들은 '굳이 이런 걸 돈 내고 먹어야 하나?'라는 의문을 가질지도 모르지만, 일본인들은 당연하다는 듯이 돈을 내고 먹어요. 물론 맛이 없다면 안 사먹겠지만 신선한 토마토나 양배추는 그대로 먹는 게 제일 맛있는 방법이기도 하니 이상한 일은 아니라고 생각합니다. 일본 술집엔 오이를 된장에 찍어 먹는 '모로큐-(もろきゅう)'라는 메뉴도 있는데 이것 또한 인기가 많아요. 마치 한국인이 고추를 쌈장에 찍어 먹는 것처럼 즐겨 먹는답니다.

일본에서 지켜야 하는 술자리 예절이 있나요?

한국에서 윗사람과 술을 마실 때 고개를 돌려 가리고 마셔야 한다는 예절과 달리 일본에는 나이 차가 있어도 고개를 돌려 가리고 마신다는 등의 예절은 없습니다. 일본은 유교의 영향을 많이 받지 않은 탓인지 그런 예절을 많이 신경 쓰지 않아요. 그래서 부모나 상사와 같은 윗사람과도 친구처럼 술을 마시고 담배를 피웁니다. 반면 한국과 약간 비슷한 술자리 예절도 있는데 윗사람에게 술을 따를 때는 술병을 두 손으로 잡고 따릅니다. 오른손으로 술병을 들고 왼손은 가볍게 거드는 느낌입니다. 한국에서는 한 손을 윗옷 앞 여밈 부분에 가져다 대며 술을 따르는 경우도 있지만 일본에서는 그렇게 하지는 않습니다. 술을 받을 때는 두 손으로 받되, 테이블에 술잔을 둔 채로 받지 않습니다. 또한 한국에서는 술잔에 담긴 술을 다 마시고 술을 새로 따라야 한다고 하지만 일본에서는 꼭 그렇지는 않아요. 술잔에 아직 술이 남아 있더라도 더 마시라는 뜻으로 따라 줘도 됩니다. 그때 그때 분위기나 흐름에 맞춰서 하는 것이지요.

술은 못 마시지만 가 보고 싶은 이자카야가 있어 가볼까 하는데 술을 주문하지 않아도 들어가도 될까요?

술을 마시지 않아도 무알코올 술이나 음료수를 마시면 되니 기본적으로 문제 없습니다. 만약 조금이라도 술을 마실 수 있다면 어떤 술이든 한 잔은 시키는 것이 좋을 듯해요. 술집에서 마실 걸 주문하지 않고 요리만 먹는 건 약간 예의 없는 행위로 보일 수도 있으니 조심하세요. 참고로 일본에서 술을 못 마시는 사람이 주문하는 대표적인 음료수가 우롱차입니다. 우롱차를 주문한다면 '아, 이 사람은 오늘 술 안 마시는 구나'라고 생각할 정도랍니다. 이자카야가 아니어도 야키토리(닭꼬치)집이나 로바타야키(炉端焼き, 숯불구이)집은 주로 술과 함께 즐기는 스타일의 가게가 많아요. 그런 곳에서도 억지로 술을 주문할 필요 없이 음료수를 마셔도 문제는 없습니다. 그래도 혼자서 술 없이 식사하기엔 신경이 쓰인다면 술을 잘 마시는 사람과 같이 갈 수 밖에 없겠네요.

오토-시는 뭔가요? 시킨 적 없는데 영수증에 청구되어서 돈을 내라고 하더라고요.

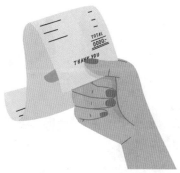

일본 이자카야에서 주문하지 않았는데도 사람 수만큼의 술안주가 나오기도 하는데 이걸 '오토-시(お通し)'라고 부르며, 오사카 등 서쪽 지방에서는 '츠키다시(突き出し)'라고 부릅니다. 가격은 1인당 300~500엔 정도로 일종의 자릿세를 겸하는 것이라고 생각하면 됩니다. 이자카야에서 술을 마실 때 손님을 오래 기다리게 하지 않도록 처음부터 술과 같이 술안주를 제공한다는 개념이기도 한데 이러한 시스템을 모르는 외국인 손님들은 시키지 않았는데도 비용이 청구되어 당황하거나 서비스인 줄 알았는데 아니라서 실망할 수도 있죠. 오토-시를 거절하면 안 되는 건지 궁금하실 텐데, 기본적으로 자릿세의 의미도 있으니 거절하기 어렵지요. 그런데 최근 몇 년 사이에 일본 이자카야의 외국인 손님이 늘어나면서 오토-시 때문에 생기는 가게와 손님 간의 문제가 많아졌다고 합니다. 그래서 이제는 오토-시를 주지 않는 가게도 늘어나고 있는 듯해요. 참고로 오토-시는 그 가게가 자신 있는 요리를 주는 것이라 손님은 먼저 요리의 맛이나 퀄리티 등을 파악하는 데에 도움이 됩니다. 한국에서 밑반찬을 먹어 보고 주 요리도 기대하는 것처럼요. 또 미리 만들어 두어 빨리 나오니 편하기도 하지요. 일본인인 제 입장으로는 미리 알고 있다면 꼭 나쁜 시스템만은 아니라고 생각해요. 이자카야에서 오토-시가 나온다면 이것도 일본의 식문화라고 긍정적으로 생각해 한번 맛보는 것도 좋을 듯합니다.

카페에서

여러분은 일본 카페 하면 어떤 모습을 떠올리나요? 일본 애니메이션이나 영화에 자주 보이는 복고풍 분위기? 아니면 멜론소다나 나폴리탄 같은 일본다운 메뉴를 먹는 모습인가요? 프렌차이즈 카페 모습은 한일 양국이 비슷하긴 하지만 각 나라에서 인기 있는 메뉴가 다르거나 똑같다고 생각해서 주문한 메뉴가 맛이 꽤 다른 일은 종종 있는 듯해요. 이 파트에서는 일본의 카페 메뉴와 주문할 때 자주 쓰는 말들을 함께 배워 봅시다.

저기요,
오구라토스트 하나랑
아메리칸커피 한 잔 주세요

한국에는 카페가 정말 많은 듯합니다. 한국 인구는 일본의 약 40% 정도이지만 카페 수는 일본보다 훨씬 많다고 하니 한국인이 얼마나 커피를 좋아하는지 알 수 있겠죠. 한국에서는 점심을 먹고 후식으로 커피를 마시러 가니 그만큼 수요가 많을 수밖에요. 물론 일본에서도 식사 후에 카페로 자리를 옮겨 얘기할 때가 있긴 하지만 한국처럼 필수 코스라고 생각이 들 만큼 자주 가진 않는답니다.

한일 양국에서 어떤 커피콩을 수입해 사용하는지, 어떻게 로스팅하는지는 각 카페의 개성이라 그 스타일이 굉장히 다양하기 때문에 커피 맛에 대해 각 나라에 어떤 특색이 있는지, 어떤 맛을 선호하는지 등은 말하기가 어렵습니다. 하지만 카페의 영업 방식에는 일본다운 면이 있다고 말씀드릴 수 있겠네요. 나폴리탄(일본풍 파스타), 타마고산도(계란샐러드샌드위치), 카레, 수플레팬케이크 등 일본만의 특색 있는 식사 메뉴도 함께 맛볼 수 있는 카페, 알찬 아침 메뉴가 있

는 카페, 메이드 카페를 비롯한 독특한 콘셉트로 재미난 경험을 할 수 있는 카페 등이 있습니다. 또, 복고풍 콘셉트가 아닌 진짜로 창업한지 수 십 년이 된 역사 깊은 카페도 있어요. 미리 이런 카페들을 알아보고 찾아가는 것도 재미있겠지요.

사람들이 일반적으로 카페를 이용하는 목적도 한일 간에 차이가 좀 있는 듯합니다. 한국에서는 '카공(카페에서 하는 공부)'이라는 신조어가 생길 만큼 카페에서 공부하는 건 이제 흔한 일이죠. 물론 일본에서도 그런 사람은 있긴 하지만 '장시간 공부는 삼가 주세요(長時間の勉強お断り)'라고 써 붙여 놓은 카페도 있어요. 또 카페 이용 시간을 제한하는 곳도 있고요. 최근 몇 년 사이에 이러한 카페는 줄어들었지만 2010년대 중반까지는 꽤 많았습니다. 일본에서는 '화미레스(패밀리 레스토랑)'에서 음료수 무한 리필 메뉴인 드링크 바를 이용하며

공부나 각종 업무 미팅을 하는 사람들이 있는데 이건 지금도 여전합니다. 한국의 패밀리 레스토랑에서는 상상도 못할 일이죠? 또 와이파이 사용이나 배터리 충전 등에 대해서도 염두에 두어야 하는 게 있어요. 일본 카페에는 와이파이가 설치되어 있어도 일본 통신사와 계약한 사람만 사용할 수 있거나 속도가 너무 느려 쓰기 불편한 경우가 많아요. 와이파이가 아예 없기도 합니다. 좌석이 아닌 곳에 있는 전원 콘센트는 직원들이 청소기 등을 사용할 때만 쓰는 콘센트이기 때문에 허락 없이 쓴다면 이 콘센트는 손님용이 아니라고 주의를 받을 수도 있어요. 아쉽게도 일본은 이런 면에서 준비가 잘 되지 않은 곳이 여전히 있어 한국이 훨씬 편리하다고 할 수밖에 없네요.

아메리카노를 잘 마시지 않는 일본인

일본 카페를 가기 전 꼭 미리 알아야 하는 게 있는데 그건 바로 한일 양국의 '아메리카노'의 차이입니다. 일본에서는 아메리카노를 자주 마시지 않습니다. 평소에 커피를 즐겨 마시는 사람이 아니라면 아메리카노를 모를 수도 있어요. 물론 일본 스타벅스에도 아메리카노를 팔긴 하지만 다른 일본 대형 카페 체인점인 '도토루 커피(DOUTOR COFFEE)'나 '코메다코-히-(コメダ珈琲)'에는 없습니다. 대신 '아메리캉코-히-(アメリカンコーヒー)'라는 메뉴가 있어요. 아메리카노와 아메리캉코-히-가 이름이 비슷해 같은 커피라 착각할 수 있지만 둘은 전혀 다른 커피입니다. 아시다시피 아메리카노는 물에 에스프레소를 넣어 만드는 반면, 아메리캉코-히-는 약하게 로스팅한 커피콩으로 만든 드립 커피를 말하며 산미가 세고 깔끔한 맛이 납니다. 아메리캉코-히-라는 이름은 일본에서만 쓰기 때문에 어떤 커피인지 모르는 외국인이 많을 거예요. 아메리카노라고 생각해 주문한다면 맛이 꽤 달라서 놀라겠지요. 참고로 일본 카페나 음식점 메뉴판에 쓰여 있는 홋토코-히-(ホットコーヒー, HOT COFFEE)는 드립 커피와 아메리카노를 함께 말하는 것이랍니다. 카페에 에스프레소 머신이 따로 없다면 아메리카노를 만들 수 없으니 홋토코-히-를 드립 커피로 내겠지요. 일본에서 아메리카노라고 생각해서 시켰더니 너무 진해서 당황했다는 한국인을 많이 봤습니다. 그건 별 생각 없이 주문한 홋토코-히-가 드립 커피이어서 그랬을 수도 있어요. 한국에서는 아이스아메리카노도 인기가 많죠. 얼얼할 정도로 매운 음식을 먹은 후에 마시는 '아아(아이스아메리카노)'는 참 맛있잖아요. 한 국인들은 놀라겠지만, 일본에서는 아이스아메리카노가 메뉴에 없는 카페가 의 외로 많습니다. 대신 '아이스커피'라는 뜻의 '아이스코-히-(アイスコーヒー, ICE COFFEE)'라는 메뉴는 꼭 있어요. 홋토코-히-와 마찬가지로 아이스코- 히-는 드립 커피와 아메리카노를 함께 말하는 것으로, 대부분 차가운 드립 커 피가 나옵니다.

카훼와 킷사텡의 차이점

일본에서 커피나 차를 마시는 곳을 크게 나누면 카훼(カフェ, 카페)와 킷사텡 (喫茶店), 두 가지로 나눌 수 있어요. 둘의 가장 큰 차이점을 쉽게 말하자면 분 위기를 꼽을 수 있습니다. 카훼(カフェ)는 한국의 카페와 마찬가지로 커피를 마 시며 얘기를 나누고 예쁜 디저트 등도 맛볼 수 있는 가게이며, 킷사텡(喫茶店) 은 대부분 아늑하고 중후한 인테리어가 특징인 가게로, 한국의 다방처럼 복고 풍 커피집이라고 볼 수 있습니다. 단순히 콘셉트가 이니라 진짜로 오래되어 낡 은 가게도 많지만요. 가게 주인이 엄선한 커피콩을 로스팅하여 만든 커피를 즐 기는 느낌이며 손님은 중장년층이 많은 듯해요. 개인 가게뿐만 아니라 '킷사텡 풍' 카페 체인점도 많이 있습니다. 엄밀히 말하자면 카페는 '음식점 영업 허가 증', 킷사텡은 '킷사텡 영업 허가증'을 얻어야 영업할 수 있는 곳으로, 카페는 음식점으로 분류되니 단순히 데우는 것 외의 조리가 가능해 다양한 요리도 제 공할 수 있습니다. 하지만 킷사텡은 데우는 정도 밖에 할 수 없기 때문에 토스 트 등 간단한 음식만 제공합니다. 킷사텡 같은 복고풍 분위기인데 다양한 식사 메뉴를 판다면 분위기만 연출하고 실제로는 음식점 영업 허가증을 받은 카페일 수도 있어요. 여행자 입장에서는 복잡하게 구분하기보다 '분위기가 현대적이 고 트렌드에 맞는 느낌이라면 카훼, 복고풍 콘셉트라면 킷사텡이다'라고 생각 하시면 되지 않을까 합니다.

핫(HOT)? 홋토(ホット)?

카페에서 쓰는 말은 어차피 외래어가 대부분이니 굳이 미리 배워 둘 필요가 없지 않을까? 혹시 이렇게 생각하시나요? 그런데 막상 카페에 가 보면 생각처럼 잘 통하지 않는 경우가 있을 거예요. 한국과 일본식 영어 발음이 차이가 꽤 나기 때문입니다. 일본 카페나 음식점에서 자주 말하게 되는 홋토코-히-(ホットコーヒー)를 예로 들자면, 한국어 발음으로는 '핫커피'이니 전혀 다른 발음이죠. 마찬가지로 일본인 관광객이 한국 카페에서 주문할 때 많이 고생하는 이유가 '핫'과 '커피' 발음 때문이거든요. 일본인은 '어/오'를 구별해서 말하기가 어려운데다 어디선가 한국은 'F' 발음을 'ㅍ'로 한다는 걸 들은 기억이 있어 한국 카페에서 '코피 주세요'라고 말하는 실수를 하곤 합니다. '코피라니?' 그 말을 들은 한국인 직원은 얼마나 당황했을까요. 게다가 따뜻하게 달라고 말하기 위해 '홋토(핫의 일본식 발음)'라고 말하기까지 하죠. 그래서 일본인 관광객에게 익숙하지 않은 한국인 직원에게 몇 번이나 말해도 말이 통하지 않는 거겠죠. 여러분이 일본 카페에 가서 원어민처럼 말하고 싶다면 홋토코-히-와 핫커피는 생각보다 차이가 크다고 기억해 두는 게 좋겠지요. 참고로 일본어로 푸딩은 푸링(プリン), 파르페는 파훼(パフェ)입니다. 왜 이렇게 발음하는지 의문이 들 텐데 옛날에 외래어에 익숙하지 않았던 일본인이 그냥 말하기 쉽게 발음한 것이 정착해서 지금에 이른 듯합니다.

일본 카페의 특색 있는 식사 메뉴

일본 주부 지방 아이치현 나고야(名古屋)시의 카페에서 제공하는 '모-닝구(モーニング, 아침 식사)'는 아주 독특한 메뉴로 유명해요. 시작은 아침 시간대에 커피를 주문하면 무료로 토스트나 삶은 계란 등 가벼운 음식을 함께 주는 서비스이었습니다. 이제 무료로 주는 카페는 줄었지만, 커피 가격에 100~300엔 정도를 추가하면 아침 식사 메뉴를 주는 가게가 여전히 많아요. 재미있는 점은 이름이 모닝(아침)인 것과 다르게 하루 종일 이런 서비스를 운영하는 카페도 있다는 점입니다. 가격이나 메뉴 구성은 가게마다 다른데, 그 중 대표적인 메뉴를 소개하자면 오구라토-스토(小倉トースト, 단팥토스트)가 있어요. 여기에 버터를 추가한 토스트가 암바타-토-스토(あんバタートースト, 팥버터토스트)이며, 이제는 나고야뿐만 아니라 일본 곳곳에서도 즐겨 먹게 되었어요. 그 외에도 타마고산도(계란샐러드샌드위치) 등의 샌드위치류, 햄에그토스트, 프렌치토스트, 오믈렛 등을 주는 가게도 있어요. 나고야식 모-닝구를 제공하는 카페로 유명한 체인점 카페가 '코메다코-히-(コメダ珈琲)'입니다. 일본 전국에 1000곳 이상의 점포를 두고 오전 시간에 저렴한 가격으로 커피와 모닝 세트를 판매하고 있습니다. 참고로 코메다코-히-에서 나오는 오구라토스트의 단팥이 굉장히 맛있다고 소문이 나서 이젠 집에서도 먹을 수 있도록 가게에서 팥앙금만 포장 판매하거나 마트에서도 판매하기도 해요. 또, 나포리탕(ナポリタン)도 일본다운 카페 식사 메뉴이죠. 토마토케첩을 베이스로 양파, 피망, 베이컨 등을 볶아 만드는 스파게티인데 이름과 달리 이탈리아 나폴리가 아닌 일본 요코하마에서 만들어진 메뉴입니다. 인기가 있어 일본 각지의 카페, 특히 킷사텐 메뉴로 정착했답니다. 제가 예전에 도쿄 신바시의 직장에 다녔을 때도 근처에 나포리탕(ナポリタン)이 맛있기로 소문난 킷사텐이 있어 점심시간에는 항상 손님들이 줄 서 있을 정도이었습니다.

일본의 독특한 카페, 알고 계시나요?

일본에는 특정 주제를 정해 운영하는 카페가 있어요. 오래전부터 있던 카페로는 '쟈즈킷사(ジャズ喫茶: 재즈 카페)'나 '망가킷사(漫画喫茶: 만화 카페)'가 있고 도쿄 아키하바라에 많이 있는 메이드 카페도 특색 있는 카페의 일종이죠. 일본은 오타쿠의 나라라서 다소 마니아적인 콘셉트로 운영하는 카페가 다양하게 있으며 그런 카페를 일본어로 '콘세프토카훼(コンセプトカフェ: 콘셉트 카페)', 줄여서 '콩카훼(コンカフェ)'라고 해요. 재미는 있지만 어떤 콘셉트인지 모르고 가면 많이 당황할 수 있으니 꼭 미리 알아 두고 가셔야 합니다. 만약 용기가 안 난다면 이미 가본 경험이 있는 사람에게 동행을 부탁하는 게 좋을 거예요. 이런 곳들은 카페이지만 서로 소통을 즐기는 곳이라는 인식이 강하기 때문에 아무래도 일본어를 어느 정도 할 수 있어야 즐길 수 있는 곳이기도 해요. 어느 정도 일본어를 배웠다면 실력 확인 겸 도전해 봐도 좋을 듯합니다. 인기

만화책에 나와 해외에서도 유명해진 닌자로 분장해 손님을 맞이하는 '닌쟈카훼(忍者カフェ)', 성우 지망생이 애니메이션에서 나오는 대사로 손님을 맞이하는 '세이유-카훼(声優カフェ)', 마치 친한 친구가 알바하는 카페에 놀러 가는 느낌을 연출하는 '토모다치카훼(友達カフェ)'와 같이 독특한 콘셉트 카페들도 있어요. 참고로 토모다치카훼는 직원과 전혀 모르는 사이이지만 다 반말로 얘기하며 오랫동안 함께한 친한 친구처럼 연기를 하기 때문에 손님도 그에 맞춰야 합니다. 직원은 배우 지망생이라 즉흥 연기를 잘하기 때문에 손님이 다소 익숙하지 않아 어색해도 알아서 재미있게 대해 준다고 해요.

カフェ メニュー -카훼메뉴-

S M L

アメリカーノ
아메리카-노

カフェオレ
카훼오레

キャラメルマキアート
캬라메루마키아-토

カプチーノ
카푸치-노

カフェラテ
카훼라테

カフェモカ
카훼모카

アイスココア
아이스코코아

ミルクティー
미루크티-

コーヒーゼリー
코-히-제리-

ミックスジュース
믹스쥬-스

メロンソーダ
메론소-다

ベリースムージー
베리-스무-지-

264

카페 메뉴

아메리카노

카페오레

캐러멜마키아토

카푸치노

카페라테

카페모카

아이스코코아

밀크티

커피젤리

생과일주스
(여러 과일 사용)

멜론맛 탄산음료

베리스무디

265

その他 소노타

S M L

コーヒー 코-히

エスプレッソ 에스프렛소
アイスコーヒー 아이스코-히-
ブレンドコーヒー 브렌도코-히-
本日のコーヒー 혼지츠노코-히-
ホットコーヒー 홋토코-히-
ドリップコーヒー 도립푸코-히-
アメリカンコーヒー 아메리캉코-히-
ソイラテ 소이라테

ティー 티-

紅茶 코-챠
アイスティー 아이스티-
アールグレイ 아-루그레이
ダージリン 다-지링
ゆず茶 유즈챠

フラペチーノ 후라페치-노

抹茶クリームフラペチーノ 맛챠크리-무후라페치-노
キャラメルフラペチーノ 캬라메루후라페치-노

カスタマイズ・トッピング

카스타마이즈/톱핑그

デカフェ 데카훼
オーツミルク変更 오-츠미루크헹코-
豆乳変更 토-뉴-헹코-
シロップ追加 시롭푸츠이카
ホイップクリーム 호입푸쿠리-무
生クリーム 나마크리-무
はちみつ 하치미츠

フロート 후로-토

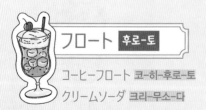

コーヒーフロート 코-히-후로-토
クリームソーダ 크리-무소-다

기타

소 중 대

커피

에스프레소
아이스커피
블렌딩 커피
오늘의 커피
뜨거운 커피
드립 커피
아메리칸커피
두유라테

차

홍차
아이스티. 차가운 홍차
얼그레이(홍차)
다즐링(홍차)
유자차

프라푸치노

말차크림프라푸치노
캐러멜프라푸치노

커스터마이즈/토핑

디카페인
오트우유로 변경
두유로 변경
시럽 추가
휘핑크림
생크림
벌꿀

아이스크림을 얹은 음료

아이스크림 얹은 커피
아이스크림 얹은 멜론소다

食事類 쇼쿠지루이

デザート 데자-토

1 チョコレートパフェ 쵸코레-토파훼

2 ソフトクリーム 소후토크리-무

3 いちごのショートケーキ 이치고노쇼-토케-키

4 チョコバナナパンケーキ 쵸코바나나팡케-키

5 プレーンホットケーキ 프레-엥홋토케-키

6 カスタードクレープ 카스타-도쿠레-프

7 プリン 푸링

8 スコーン 스코-옹

9 フルーツタルト 후루-츠타루토

10 メープルワッフル 메-푸루왑후루

サンドイッチ

산도잇치

ドリンク セット 도링쿠셋토 **+200円**

11 たまごサンド 타마고산도

12 フルーツサンド 후루-츠산도

13 あんバタートースト 앙바타-토-스토

日替わりランチメニュー 히가와리란치메뉴-

11:30～14:00

890円

軽食 케-쇼쿠

14 パスタ 파스타

15 スパゲティー 스파게티-

16 ナポリタン 나포리탕

17 ミートソーススパゲティー 미-토소-스스파게티-

18 ハンバーグ 함바-그

19 カレー 카레-

20 ピラフ 피라후

식사류

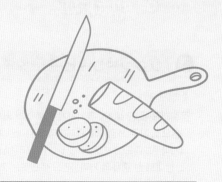

디저트

1 초콜릿파르페
2 소프트아이스크림
3 딸기케이크
4 초코바나나팬케이크
5 기본 핫케이크

6 커스터드크레이프
7 푸딩
8 스콘
9 과일타르트
10 메이플시럽와플

샌드위치

음료 세트
+200엔

11 계란샐러드샌드위치
12 과일생크림샌드위치
13 팥버터토스트

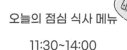

오늘의 점심 식사 메뉴

11:30~14:00

890엔

가벼운 식사

14 파스타
15 스파게티
16 일본풍 토마토케첩스파게티
17 미트소스스파게티
18 햄버그스테이크
19 카레
20 필래프, 볶음밥

 ## ブレンドコーヒー 브렌도코-히-

블렌딩 커피

품질과 맛을 균일하게 유지하기 위해 여러 커피콩을 섞어 만드는 커피를 말해요. 일본에서는 메뉴 이름으로 자주 쓰입니다. 카페마다 독자적인 기준으로 커피콩을 고르고 혼합 비율을 정해 만든 '오리지나루브렌도(オリジナルブレンド, 오리지널 블렌딩)' 커피를 만들어 시그니처 메뉴로 팔기도 해요. 반대로 한 종류의 커피콩만으로 만드는 커피를 일본어로 '스토레-토코-히-(ストレートコーヒー)'라고 합니다.

 ## アメリカンコーヒー 아메리캉코-히-

드립 커피

약하게 로스팅한 커피콩으로 만든 드립 커피를 말합니다. 산미가 세고 깔끔한 맛이 특징입니다. 옛날 일본에서 진한 커피가 주류이던 시절, 미국에서 마셔 본 깔끔한 맛의 커피를 일본에서도 마시고 싶다고 생각한 일본인이 만든 커피라는 설이 있습니다. 물을 약간 타서 연하게 만든 드립 커피를 말할 때도 있어요. 이 이름은 일본에서만 사용하는 이름입니다.

 ## ソイラテ 소이라테

두유라테

한국에서는 주로 두유라테라고 말하지만, 일본에서는 두유라테를 뜻하는 '토-뉴-라테(豆乳ラテ)'보다는 '소이라테'라고 하는 경우가 많아요. 한국 카페에서는 카페라테의 우유를 두유로 바꿔 달라는 주문을 주로 하지만, 일본에서는 메뉴판에 별도로 소이라테가 있습니다.

 ## 紅茶 코-챠

홍차

주문할 때는 그냥 '코-챠'라고 하기보다 '다-지링(ダージリン, 다즐링)'이나 '아-루그레이(アールグレイ, 얼그레이)' 등 홍차의 종류로 말하는 경우가 많아요.

アイスティー 아이스티-

아이스티, 차가운 홍차

한국 카페에서 아이스티를 시키면 보통 레몬, 복숭아 향 등이 나는 달달한 음료가 나오지만 일본에서는 얼음을 넣어 차갑게 먹는 홍차가 나와 맛이 다를 수 있습니다.

 ## デカフェ 데카훼

디카페인

'카훼인레스(カフェインレス)'라고도 하며 카페인이 들어 있지 않는 음료는 '농카훼잉인료-(ノンカフェイン飲料)'라고 합니다. 카페인에 예민한 사람이나 임산부가 마실 수 있는 음료로 일본에서는 카페인을 피하거나 시간대에 따라 카페인 섭취를 조절하는 사람이 늘어나 디카페인 음료의 수요도 늘어났어요.

 ## 軽食 케-쇼쿠

가벼운 식사

커피와 함께 가볍게 먹을 수 있는 음식을 뜻하는 것으로, 주로 토스트나 샌드위치 같은 음식을 말해요.

 ## スパゲティー 스파게티-

스파게티

파스타는 밀가루를 반죽해 만든 국수의 총칭이고 스파게티는 파스타의 한 종류를 뜻하는 말이지만 일본에서는 엄밀하게 구분하지 않습니다. 하지만, 옛날식 킷사텐에서는 '스파게티'라고만 하기도 해요.

 ## カレー 카레-

카레

카레도 카페의 기본 식사류이며 특히 수분을 빼고 다진 고기로 만드는 카레인 '도라이카레-(ドライカレー, 드라이카레)'를 많이 팝니다.

 ## ケーキ 케-키

케이크

일본 카페에서 인기 많은 케이크로는 티라미스(ティラミス), 치-즈케-키(チーズケーキ, 치즈케이크), 몸브랑(モンブラン, 몽블랑), 시홍케-키(シフォンケーキ, 시폰케이크) 등이 있습니다.

パンケーキ 팡케-키

팬케이크

2010년대쯤부터 부드러운 스후레팡케-키(스플레팬케이크, 수플레팬케이크)가 유행하면서 많은 한국인 관광객들이 수플레팬케이크를 먹기 위해 일본 카페 앞에 긴 줄을 늘어설 정도이었습니다. 여담이지만, 팬케이크를 일본어로 '팡케-키(パンケーキ)'라고 하는데 프라이팬으로 구운 케이크라는 뜻이죠. 그런데 많은 일본 사람들은 여기서 '팡(パン)'을 프라이팬(フライパン)의 '팬'이 아닌 일본어로 발음이 똑같은 '빵(パン)'이라고 착각하는 경우가 많아요. 일본어로 표기할 때 같은 글자로 표기하다 보니 프라이팬 말고 빵을 먼저 떠올려 빵 케이크라고 생각해 왔던 것이죠. 한국어에서는 팬과 빵의 표기가 전혀 다르니 할 수 없는 착각이라는 점이 참 재미있죠?

 ## ジャズ喫茶 쟈즈킷사

재즈 카페

재즈 팬들이 모여 재즈 음악을 즐길 수 있는 킷사텐으로, 라이브 연주를 하는 곳도 있어요. 점포 수가 줄어들고 있어 이제는 라이브 연주까지 하는 곳은 보기 힘들어졌지만 아직 일부 지역에 남아 있어요.

 ## 漫画喫茶 망가킷사

만화 카페

만화책이 많은 일본식 만화 카페로, 줄여서 '망키츠(漫喫)'라고 해요. 이제는 일본식 PC방처럼 컴퓨터도 설치되어 있는 곳들이 많습니다.

 ## ネットカフェ 넷토카훼

일본식 PC방

줄여서 '네카훼(ネカフェ)'라고 해요. 한국 PC방과 다르게 기본적으로 개인실로 되어 있으며, 푹신하고 편한 리클라이너가 설치되어 있기도 합니다. 샤워 시설이 있는 곳도 있어 밤새 지낼 수도 있습니다. 한국 PC방에 가듯이 컴퓨터 게임을 하러 가는 것 외에 그냥 쉬러 가는 목적으로 이용하는 사람도 많습니다. 젊은 사람들은 지방에 놀러 갈 때 숙소를 못 찾았거나 저렴한 가격으로 묵고 싶을 때 호텔 같은 숙소 대신 이용하기도 합니다.

メイドカフェ メイ도카페

메이드 카페

여성 직원이 메이드가 되고 손님이 주인이 되어 비일상적인 접객을 즐기는 카페입니다. 일본의 오타쿠 문화(애니메이션이나 만화책)에서 따와 생긴 카페인데, 이제는 남녀노소 불문하고 즐기며 외국인 관광객도 많이 찾아와요. 한국에도 한때 유행어로 잘 알려진 '모에모에 큥'은 메이드 카페에서 오므라이스 등의 메뉴를 제공할 때 직원이 하는 말에서 온 것입니다. 메이드 카페의 성별을 바꾼 '시츠지카훼(執事カフェ, 집사 카페)'도 있습니다. 이곳은 남성 직원이 집사가 되고 손님이 주인이 되는 카페입니다.

モーニング・カフェ・バーメニュー 모-닝그/카훼/바-메뉴-

아침/카페/바(술) 메뉴

카페나 식당에서는 시간대마다 다른 메뉴를 제공하기도 합니다. 점심 식사 메뉴와 저녁 식사 메뉴 외에 오전에 판매하는 모-닝그메뉴-(モーニングメニュー, 가벼운 아침 식사), 점심시간 이후 저녁 식사 판매 전까지 제공하는 카훼메뉴-(カフェメニュー, 음료와 디저트), 저녁시간 이후 마감 시간까지 제공하는 바- 메뉴-(バーメニュー, 술과 안주류) 등이 있습니다. 메뉴판을 잘 보고 시간대에 맞는 메뉴를 주문해 보세요.

B (음료) 사이즈는 어떻게 하시겠습니까?

サイズは いかが いたしますか？

사이즈와 이카가 이타시마스카?

라지 사이즈로 주세요. **A**

ラージで お願いします。

라-지데 오네가이시마스

TIP 작은 음료 사이즈는 '스모-루(スモール)', 중간 사이즈는 '미디아무(ミディアム)', 큰 사이즈는 '라-지(ラージ)'라고 합니다. 음료 크기를 두 개로 나눌 때는 레귤러와 라지 사이즈로 나누며 상대적으로 작은 사이즈를 '레규라-(レギュラー)'라고 합니다.

B (음료는) 따뜻한 것과 찬 것 중에 어떤 것으로 하시겠어요?

ホットと アイス、 どちらに しますか？

홋토토 아이스, 도치라니 시마스카?

따뜻한 걸로 주세요. **A**

ホットで お願いします。

홋토데 오네가이시마스

B 설탕과 커피 크리머를 드릴까요?

砂糖と ミルクは おつけしますか？

사토-토 미루쿠와 오츠케시마스카?

설탕만 주세요. **A** ①

砂糖だけ ください。

사토-다케 쿠다사이

아뇨, 필요 없습니다. 블랙커피로 주세요. **A** ②

いいえ、必要ありません。ブラックで ください。

이-에, 히츠요-아리마셍. 브락쿠데 쿠다사이

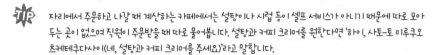

자리에서 주문하고 나갈 때 계산하는 카페에서는 설탕이나 시럽 등이 셀프 서비스가 아니기 때문에 따로 모아 두는 곳이 없으며 직원이 주문받을 때 따로 물어봅니다. 설탕과 커피 크리머를 원한다면 '하이, 사토-토 미루쿠오 츠케테쿠다사이(네, 설탕과 커피 크리머를 주세요)'라고 말합니다.

A 커피 리필 되나요?

コーヒーの おかわりを いただけますか？

코-히-노 오카와리오 이타다케마스카?

리필은 30엔 할인된 가격으로 가능합니다. **B**

おかわりは ３０円 割引で ご提供 可能です。

오카와리와 산쥬-엥 와리비키데 고테-쿄- 카노-데스

B 매장에서 드시고 가시나요?

店内で 召し上がりますか？

텐나이데 메시아가리마스카?

텐나이(店内) 대신 이-토잉 (イートイン)이라고도 말합니다.

B 포장이신가요?

お持ち帰りですか？

오모치카에리데스카?

오모치카에리(お持ち帰り) 대신 테이쿠아우토(テイクアウト)라고 말하기도 해요.

A 커피에 시럽을 추가해 주세요.

コーヒーに シロップを 追加して ください。

코-히-니 시롭푸오 츠이카시테 쿠다사이

A 휘핑크림을 올려 주세요.

ホイップクリームを のせて ください。

호입푸크리-무오 노세테 쿠다사이

'휘핑크림은 빼 주세요'는 '호입푸크 리-무와 누이테 쿠다사이'라고 말합니다.

A 디카페인으로 할 수 있나요?

デカフェに できますか？

데카훼니 데키마스카?

A 톨 사이즈, 따뜻하게, 아메리카노를 디카페인으로 하나 주세요.

トールサイズ、 ホット、 アメリカーノ、 デカフェで 1つ ください。

토-루사이즈, 홋토, 아메리카-노, 데카훼데 히토츠 쿠다사이

주문 받는 직원이 '사이즈-음료 온도-메뉴명-토핑, 재료 변경 등' 순으로 계산대에 정보를 입력하기 때문에 이런 순 서로 말하면 더 편할 거예요. 또한 스타벅스의 음료 사이즈는 일본어로 쇼-토(ショート, 쇼트), 토-루(トール, 톨), 구란데(グランデ, 그란데), 벤티(ベンティ, 벤티)와 같이 말합니다.

A 얼음은 빼고 시럽을 넣지 말아 주세요.

氷抜きで、シロップを 入れないで ください。

코-리누키데, 시롭푸오 이레나이데 쿠다사이

A '오늘의 커피'는 어떤 커피인가요?

「本日のコーヒー」は どんな 種類ですか？

혼지츠노 코-히-와 돈나 슈루이데스카?

A 포장용 컵으로 바꿔 주시겠어요?

テイクアウト用の カップに 入れ替えて いただけますか？

테이크아우토요-노 캅푸니 이레카에테 이타다케마스카?

A 가게에서 마시고 갈 거지만 포장용 컵으로 주시겠어요?

店内利用ですが、お持ち帰り用カップで もらえますか？

텐나이리요-데스가, 오모치카에리요- 캅푸데 모라에마스카?

A (음료를) 개인 텀블러에 담아 주시겠어요?

マイタンブラーに 入れて いただけますか？

마이탐부라-니 이레테 이타다케마스카?

A 빨대는 어디에 있나요?

ストローは どこに ありますか。

스토로-와 도코니 아리마스카?

휴지는 팃슈(ティッシュ), 냅킨은 카미
나푸킨(紙ナプキン)이라고 합니다.

일본 카페에서는 커피를 리필할 때 할인 받을 수 있나요?

가게마다 다르지만, 커피(혹은 음료)를 같은 메뉴로 두 번째 주문할 때부터 정상 가격에서 할인된 가격으로 주문할 수 있기도 해요. 일본어로 '오카와리(おかわり)'라고 말하는데 오카와리가 가능한지 직원에게 확인해 보세요. 참고로 일본 스타벅스에서는 'One More Coffee'라는 이름으로 드립 커피, 카페라테 등 일부 메뉴를 할인된 가격으로 리필하는 서비스를 운영 중입니다. 첫 번째 주문의 영수증을 두 번째 주문 시에 제시하면 할인된 가격으로 이용할 수 있습니다. 참고로 현금 결제 여부와 회원 가입 여부에 따라 가격이 다릅니다. 당일 중에는 언제든 유효하며 다른 스타벅스 매장에서도 적용 가능하니 아주 편리해요. 다른 카페에서도 스타벅스와 조건이 좀 다르겠지만, 오카와리(리필)할 때 할인이나 혜택을 받을 수 있는 경우가 있을 거예요.

한국 카페에서는 카페에 개인 컵이나 텀블러를 들고 가 담아 달라고 부탁하면 할인을 받을 수 있는 곳이 있는데요. 일본에서도 똑같이 할인을 받을 수 있나요?

네, 일본에서도 비슷한 서비스를 운영하는 카페가 있습니다. 가게마다 할인 금액은 다르지만, 약 20~50엔 정도 할인해 줍니다. 참고로, 일본에서 개인 컵을 '마이캅푸(マイカップ)', 개인 텀블러를 '마이탐부라-(マイタンブラー)'라고 부릅니다.

일본 카페에서 음료를 주문해서 마시다가 들고 나가려 할 때, 테이크아웃 잔에 담아 달라고 부탁해도 되나요?

네, 괜찮습니다. 참고로 일본에서는 그럴 때 나중에 잔을 바꿔 달라고 하기 번거로우니 주문할 때부터 테이크아웃 잔에 담아 달라고 하는 사람도 있어요. 한국에서는 이제 법적으로 그렇게 할 수 없지만, 일본에서는 문제 없습니다. 다만, 가게마다 방침이 다르니 원한다면 가게에 한번 물어보세요. 또한 음료가 아닌 음식을 먹다가 남은 음식을 포장을 해 줄지는 가게마다 다릅니다. 포장해 갔다가 오래 둔 음식이 상해 식중독이 걸리는 등의 일을 방지하기 위해 해 주지 않는 가게도 있어요. 참고로 일본에서는 경감세율을 적용하여 가게에서 먹는 경우 10%, 포장하는 경우 8% 세율을 적용합니다. 그럼, 주문할 때 포장이라고 하여 싸게 구입하고 가게에서 먹고 가면 어떻게 되는 건지 궁금하실 텐데, 대부분의 가게는 딱히 단속하지 않는 듯해요. 이건 손님의 양심에 맡기는 것인데, 그래도 그냥 사실대로 말하는 게 좋습니다. 몇몇 가게에서는 세율이 달라지는 것이 헷갈린다는 이유로 가격을 하나로 통일하기도 해요.

혹시 일본에서는 지금도 카페나 음식점에서 흡연이 가능한가요?

일본은 2020년 4월 이후 음식점에서 원칙적으로 매장 내 금연을 실시하였습니다. 하지만, 그 전부터 영업했던 음식점에서는 일정 조건을 맞추면 매장 내 흡연이 가능하거나 흡연실을 설치해 공간을 나눌 수 있습니다. 이처럼 금연실과 흡연실을 나눠서 설치하는 걸 일본어로 '붕엥(分煙)'이라고 해요. 그 조건은 지자체 조례에 따라 다르고 복잡하니 여기서 설명하지 않겠지만, 음식점 입구에 '흡연 가능한 가게(喫煙可能店)'나 '흡연실 있음(喫煙可能室あり)'이라는 표시를 해 흡연이 가능함을 알립니다. 흡연자를 손님으로 끌어들이려는 일종의 생존 전략으로 굳이 흡연 가능한 환경을 유지하는 가게(특히 카페나 바)가 여전히 있긴 해요. '매장에서 담배를 피울 수 있어요!'라고 적극적으로 알리는 가게까지 있고요. 걱정된다면 가게에 들어가기 전에 꼭 입구에 있는 표시를 확인하세요.

PART 13
편의점에서

QR코드를 스캔하면 구매자 한정 특전 일본 편의점 TIP 미니북을 내려받으
실 수 있습니다. 다락원 홈페이지의 MP3 파일 중 046.mp3~048.mp3를
내려받아 같이 활용해 보세요.